60歳からの人生を楽しむ技術
〈新装版〉

渡部昇一

祥伝社黄金文庫

文庫版へのまえがき

祖母と一緒に育ったためか、子どもの頃から老人が好きでした。小学校低学年の時、若い女性の先生が担任の時は学校が嫌だったけれども、その先生が出産のため休職し、代わりにお婆さんの先生が担任になった時は学校が楽しみでした。

中学では、若い英語の先生に「睨《にら》まれて」登校するのが辛《つら》い時期がありました。戦後は英語教育不足のため、一度は隠退した老人の英語教師たちが教壇に戻ってこられました。この先生たちの授業は楽しかった。そのうちの一人の佐《さ》藤《とう》順《じゅん》太《た》先生のおかげで、私は自分の人生の方向を決めて今日に至っております。

大学に入ってからも、老先生たちに特に親しみを感じました。自分が大学で教えるようになっても、自分よりずっと年上の先生方の話を伺《うかが》うのが好きでした。そうした私の性癖に応援してくれる出版社もあって、九〇歳以上の碩学《せきがく》と雑談対談したり、対談本を出してもらったりしてきています。漢字学の世界一の大家であられた白川 静《しらかわしずか》先生と対談した時、「君はまだ若僧なんだから……」と言われた時は嬉しかった――もう七十何歳になっていたのですが。

その老人好きの私自身が老人になって、老齢について語ったのが本書です。最初にその企画を下さった飛鳥新社の土井尚道社長に感謝します。今回、文庫化も快諾していただき、厚く御礼申し上げます。また文庫化には祥伝社の飯島英雄氏のお世話になりました。感謝申し上げます。

読者の方々には、九五歳を超えて生きられることを祈念すると共に、そのために本書が少しでもお役に立てば幸甚です。

平成二十三年八月下浣《げかん》　新書斎の地下書庫にて

渡部《わたなべ》　昇一《しょういち》

まえがき

四〇歳くらいの頃に『知的生活の方法』（講談社現代新書）という本を書きました。その時、私が読者対象に想定していたのは若い大学院生、あるいは助手（現在の助教）になったぐらいの人たちでした。

一〇歳から一五歳くらい後輩に当たる人たちの中に「ああ、このままでは伸びが止まってしまう。もったいない」と思える人がけっこういたのです。

学生として大学にいる間は、勉強の仕方も論文の書き方も、指導教授の後ろについて何とかなるのだけれど、一人立ちし、結婚したりすると、まるで業績が上がらなくなってしまうというケースでした。

それは、私の観察するところ、頭が悪いからではありませんでした。むしろ優秀な頭脳を持つ人たちだからこそ、もったいないと感じたのです。そして、その原因は、知的活動に向いていない環境で私的な生活を送っているためではないかと思いました。

それで、知的活動に適した環境をどう作るか、そこでどんな生活をしたらいいのかを具体的に書いてみたのが『知的生活の方法』です（それは私自身が実践した道でした）。

あの本を読んで「ありがたかった」「生活を変えた」という方が今でも絶えません。著者冥利《みょうり》に尽きます。

あれから三五年以上が経《た》ち、私は今年七七歳です。これまで、幸いにして自分が理想と考えていた道を歩み、かくありたいと願っていた生活をしています。

そして、今後は九五歳くらいまで生き、それまでの約二〇年間は、現在と同じような楽しい生活、活動を続け、さしたる精神修養もせずに静かに死にたいと思っています。

そのためにどうしたらよいか。ボケずに健康で九五歳を迎えるには――。この一〇年ほどの間、私は何人もの矍鑠《かくしゃく》たる高齢者と対談し、教えていただいたノウハウを自分なりに咀嚼《そしゃく》してきました。この本にまとめたのはそのエッセンスです。

そろそろ定年という六〇歳くらいの方から見れば、私は一七年ほど長く、恙《つつが》ない楽しい生活を送っていることになります。今六〇歳の方は、九五歳まで生きると考えれば、あと三五年。それは何かに取り組み、楽しむのに十分な時間でしょう。

この本が、長い晩年を設計する一つのヒントになることを祈っています。

平成十九年四月

目次

1　レス・フーリッシュな選択をしよう

昭和五年生まれの私は、今年、満八一歳を迎えます。もう傘寿《さんじゅ》を超えました。平均寿命が延びたので、七〇歳を古稀《こき》（人生七十古来稀《こらいまれ》なり）だなんて言えなくなりましたが、まあ、世間で言う「イイ歳」になったわけです。

しかし、イイ歳でも、これと言って身体に悪いところもなく、至って健康。けっこう充実した、楽しい日々を送っています。

何をしていたら楽しいか――というのは人それぞれですが、私の場合、読書をしたり、調べものをしたり、モノを書いたりという「書斎の生活」が楽しい。その他にもいろいろと楽しみはありますが、私にとって必要不可欠、もっとも心の落ち着く場所と言えば、書斎より他にないのです。

そういう、私にとっては楽園とも言える書斎を数年前に新築しました。そして、出来上がった書斎で書棚に本を収め、少しずつ整理をし続けているところです。

本の好きな方には理解していただけると思いますが、この作業が楽しい。並べるために手にした一冊をちょっと開いてみたりします。

——この本は、あの論文を書く時にお世話になった。

——この本は、若い頃に読んで啓発された。

などと、思い出しつつ読み始めてしまう。すると、昔、読んだ時には気付かなかったことを発見したり、確かに同じ文章を読んだはずなのに、何十年かを経て再読するとまったく別の感じ方をするわけです。感心して赤線を引いてあるところに感心しなくなったり、逆に素通りしたところに感心したりします。気付くと「アレ、もうこんな時間か」というくらい時を忘れていたりします。

書斎を新築しようかと考えたのは約一〇年前のことでした。当時住んでいた家にも独立した書斎も書庫もあったのですが、そこから本が溢《あふ》れ出しました。

応接間や居間を侵食し、至るところで平積みになってしまったのです。

専門の英語学関係の洋書だけで約一万点。もっとも一点何十冊のものもあります。一般の方には想像しにくいかもしれませんが、その洋書だけの蔵書目録だけでA四判六〇〇ページ以上（『Bibliotheca Philologica Watanabeiensis』雄松堂）になります。神田の古書店では三万円ぐらいの値段がついています。

ちょっと自慢させていただくと、この目録を見た英国の文献学者ドゥ・ハンメル博士から版元の雄松堂にこんな主旨の手紙が来ました。

「これだけの質と量が揃《そろ》ったプライベート・ライブラリーはイギリスでも見たことがない」

ドゥ・ハンメル氏はケンブリッジのパーカー図書館長（これはイギリス最古の図書館の一つです）で、かつてサザビーの古書係も務めた当代一流の古書の目利《めき》きです。そういう人物が右のような手紙をくれるほどの蔵書が、私の手許《てもと》にあります。しかも、その他に何万冊かの和漢の書もあるのです。

それらが居住スペースを侵食しているだけなら我慢すればいいのですが、本は平積みにしてしまうと、下のものに手を出しにくくなります。平積みの山の手前にもう一山積んでしまったりすると、背表紙が見えなくなり、奥から取り出すのはかなり億劫《おっくう》です。

するとものを書く時に、本来なら原典に当たって確認するのに、つい記憶に頼ってしまうということが起こる。これは学者として甚《はなは》だよろしくありません。

というわけで、書斎を新築したいと思ったのですが、都内にそれだけの建物（収容一五万冊）を造るとなれば、けっこうな金が必要です。若干の蓄《たくわ》えを注《つ》ぎ込んでも、億余の借金をしなければなりません。この歳で蓄えを吐き出し、大きな借金をするというのは、どう見てもフーリッシュ（愚か）でしょう。

しかし、私は考えました。所有する本を使えない状態（全部ではないが）のまま死ぬのと、借金をして活用できるよう並べて死ぬのと、どっちがひどい愚かさだろうか。両方とも愚かではあるけれど、レス・フーリッシュ（愚劣度が多少低い）なのはどっちだろうか、と。そして、借金をして本を並べることにしたのです。
経済的合理性あるいは経済効率といった判断基準を持ち出せば愚かな選択でしょうが、私にとっていちばん大事なのは、これから先――つまり晩年をどう生きるかということです。この観点から考えると、どうしても「書斎の新築」になりました。

もうすぐ定年を迎える方たち、あるいはすでに定年を迎えて第二の人生を歩き始めた方たちの多くも、「これからどう生きようか」あるいは「さて、何をしようか」と考えていることでしょう。

若い時ならいざ知らず、六〇歳近くなっての失敗は取り返すのが大変ですから、「失敗しないように。どうしたらもっとも賢明か」と選択肢を探します。

しかし、所詮《しょせん》、神ならぬ人間のすること。「賢明さ」ばかりを追求すると「何もしないのがいちばん賢明」という結論に達してしまうかもしれません。

つい最悪の事態を想定し、それに至るまでの別の可能性を含んだ選択肢をどんどん捨ててしまうからです。悲観的な想定をし、それに備えるのも大事なことですが、備えまくって、それで人生が終わってしまうということもあります。

定年を迎える年齢になり、子どもも成人したということは、社会人として課せられていた義務の大半から解放されたということです。

「賢明さ」より「楽しさ」に重きを置いて「レス・フーリッシュでいい」という生き方を検討してみてはいかがでしょうか。「過度に賢明であってはならない（ne supra modum sapere)」というラテン語の格言もあります。

2　95歳まで生きよう

私が一五万冊収容可能の書庫を造ったことを話すと、口の悪い友人は「もう、そんなに長くないのに……」なんて言います。日本人男性の平均寿命七九歳を二年過ぎていますから、口の悪くない友人もそう思っているかもしれません。

しかし、それは早とちりというものです。平均寿命は夭折《ようせつ》した人も含んでいますから、平均余命を見なければなりません。八〇歳の日本人男性の平均余命は、八・五七年（同女性は一一・五九年）だそうです。八五歳でも六・一八年です。つまり、現在八一歳の日本人男性は平均であと七年くらい生きるのです。

しかし、私はこれをもう一〇年、延ばしたい、少なくともそのくらいの年齢（九十代半ば）まで生きるつもりで日々を送りたいと思っています。もっとも、本を全部並べた翌日に死んでも、積んだままで死ぬよりはよいのです。私も昔からの本に再び会ったわけだし、本のほうも久しぶりで私に対面を果たしたことになります。私にとっても蔵書にとっても「本」望と言うべきことではないでしょうか。

二〇〇六年秋、漢字学者の白川静氏が九六歳で他界されました。私は、先生が九二歳の時に対談をさせていただき、本（『知の愉しみ 知の力』致知出版社）を出しましたが、その時、先生は矍鑠《かくしやく》たるものでした。

五時間の対談中、休憩もとらず、大半を先生が語られました。若輩の私が聞き手、白川先生が話し手という形になったからです。対談を終えて日本料亭に向かう時もスタスタと、とても九十代とは思えない足取り。出てきた料理は次々にきれいに召《め》し上《あ》がりました。そして、デザートの小さな羊羹《ようかん》を半分だけ残されました。

不思議に思って「先生、それはどういう意味なんですか？」と伺《うかが》ってみると「ちょっと、糖尿の気《け》があってね」。私も九二歳になって、そう言ってみたいものだと思いました。

亡くなられた数日後の『産経新聞』の「産経抄」（二〇〇六年十一月四日）によると、白川先生は、死の直前まで講演をされ、資料も見ずに古典を紹介されていたそうです。床に伏し、苦しんだ期間、知的活動ができなくなった期間はほとんどなかったと言っていいでしょう。

白川先生が亡くなった二日後、永沢光雄《ながさわみつお》さんという若い作家が亡くなりました。この二人の死を比較し、「産経抄」は次のような記述をしています。

▼これに対し、白川さんより五〇歳ほども若い四七歳で逝《い》った作家、永沢光雄さんは苦しみ抜いた最期だった。がんにより声を失い、腸閉塞《へいそく》による吐き気で七転八倒した。そのストレスから逃れるためアルコールに依存し、肝機能障害に命を奪われた。

▼永沢さんは本紙の桑原聡記者にあてた手紙で嘆いていた。「なぜ街の人たちはあんなにも元気なのでしょうか。かつかつと靴音を鳴らして歩き…」。どうして自分だけが、という思いであろう。重い病を得た人であれば、誰もが一度は恨みたくなる不条理さである。

永沢さんという方の死に方には、本当に同情します。肉体的にも精神的にも苦しかったことでしょう。病気――ことにその延長に死の影が色濃《こ》く滲《にじ》んでいる病気になると、若いほど苦しみが大きい。誰でも、できることなら、そんな思いはしたくありません。

死は万人に訪れるので、その恐怖、苦悩が早いか遅いかだけの違い――と思ってはいけません。私の見るところ、九〇歳を超えて亡くなられる方はあまり苦しまない。ほとんどが眠るがごとくです。「死ぬ」というより、もっといい世界に遷《うつ》るという感じで、穏やかに亡くなられているのです。

物理学者だった三石巌《みついしいわお》先生もそういう亡くなり方でした。栄養学や医学にも精通していた三石先生は、独自の健康管理学、分子栄養学を確立、自らの身体でそれを実証されていましたが、九五歳の正月に恒例のスキー旅行に出掛けられ、風邪をこじらせて亡くなったのです。

ちょうど健康に関する本の原稿（『医学常識はウソだらけ』祥伝社黄金文庫）を書き上げ、あとは前書きを残すのみというところでした。

普通、健康に関する原稿を書いていた人が亡くなってしまったら、出版社は「どうしようか……」と発売に二の足を踏むでしょう。しかし、九五歳で正月にスキーに出掛けていたのです。そこまで矍鑠としていたなら十分ではないかという話になり、三石先生の健康管理学の実践者だった私が依頼を受けて前書きを書きました。

私が三石先生の講演を伺ったのは、先生が九三歳の時でしたが、その時、先生はヴィトゲンシュタイン（オーストリアの哲学者）の引用から話を始め、丸一時間、実に明晰《めいせき》な話をされました。また、ピアノもお上手で、編集者が自宅を訪れると一曲演奏してみせるのが常だったそうです。

九十代半ばで原稿を書き、ピアノを弾き、スキーに出掛ける。それで、サッとあの世に逝ってしまう。白川先生同様、そこには死への恐怖も不安もなく、肉体的な苦痛もほとんどなかったに違いありません。これは理想的な人生の終わり方と言っていいでしょう。

個人差はあるでしょうが、八〇歳くらいだとまだ苦しむ人がいるようです。したがって、私はできることなら九五歳まで生き、肉体的にも精神的にも苦痛を感じることがなくなってから、あの世へ遷りたいと思っています。

徳川後期の儒学者で、門人三〇〇〇人と言われた佐藤一斎《さとういっさい》は『言志耋録《げんしてつろく》』の最後のほうに「年をとって死ぬ人はほとんど死を恐れない聖者のごときものである」という趣旨のことを書いています。

「凡《およ》そ生気有《あ》る者は死を畏《おそ》る。生気全く尽《つ》くれば、この念もまた尽く。故《ゆえ》に極老の人は一死睡《ねむ》るが如《ごと》し」

死が恐くも苦しくもなければ、宗教にすがったり、座禅を組んだり、修養したりという必要もありません。宗教心のある方は静かに気張らないで自分の宗教を示すように逝くでしょうし、無神論者でも静かに大地に戻る、土から生まれて土に戻るという気持ちになるでしょう。

九五歳を目標にすると、私の場合であと一四年あります。その間、白川先生や三石先生のように矍鑠として知的活動を続けていけたら幸いだと思っています。すると、やはり応接間や居間に本を平積みにしておくわけにはいかない。やはり書斎を新築しなければ——ということになるのです。たとえそれが中途で死ぬことになっても、それまでの時間は、そうしないでいたよりは質的に断然よいと覚悟しました。

団塊の世代と言われる方たちは、九五歳まで三〇年以上あります。これはけっこう長い。定年までは慌《あわ》ただしい生活を送らざるを得ない人たちにも、その後はたっぷり時間が与えられているのです。どう過ごしたら楽しいか、自分の理想とする晩年を実現するために、早めに手を打っておいたほうがいいのではないでしょうか。

3 理科系的生活から脱出しよう

人間というのは、大きく理科系と文科系に分けることができます。大学受験の時に、受験生は理科系と文科系に分かれますが、それよりももっと大きな意味で、人間の活動も理科系的活動と文科系的活動に分類できるように思います。

理科系というのは、言うまでもなく自然科学を基礎にしています。これは発明発見が次々に積み重ねられて発展していく世界です。したがって、ここには「古いものより新しいもののほうがレベルが高い」という大原則があります。

たとえば、万有引力の法則を発見したニュートンは偉大な物理学者ですが、学問のレベルは現代の物理学者のほうが絶対に高いし、野口英世《のぐちひでよ》は優秀な医者、研究者でしたが、現代の医者、研究者のレベルは野口英世よりはるかに上でしょう。

これは、科学においては、それまでに蓄積された知識や技術をすべて継承することができ、それを土台にして最先端を切り開いていけるからです。

こうした自然科学に技術革新が結び付いて産業技術が生まれ、それは日進月歩で進歩していきます。企業やビジネス社会は、この産業技術を根幹にして進歩と競争を続けていますから、これらの分野もすべて理科系と言っていいでしょう。

ここでは、進歩に遅れてはいけない。絶えず進歩についていく、むしろ進歩を自ら牽引《けんいん》していくくらいでなければなりません。ですから、必ず新しい世代が前の世代を追い抜いていく。商品で言えば、新しい商品が古い商品を駆逐《くちく》していきます。

進歩と競争を続けるというのはやりがいのあることで、エネルギーに満ちた時代には楽しいものです。まして競争で勝てば、その快感は非常に大きいでしょう。

しかし、生涯、それを追求するのは考えものです。言い方を変えれば、ずっと理科系の世界で生きていくのはかなり辛《つら》いことなのではないでしょうか。もしかしたら、それは引退を禁じられたスポーツ選手のようなものかもしれません。

たとえば、フォード・モーターの創設者ヘンリー・フォード。一八六三年、アイルランド系移民の子に生まれたフォードは一六歳で家を出、デトロイトで見習い機械工になりました。フォードが二三歳になった時(一八八六年)、ドイツのカール・ベンツが四サイクルのガソリン・エンジンを搭載した三輪自動車の開発に成功します。

まさに自動車工業の黎明《れいめい》期に巡り会ったヘンリー・フォードは、四〇歳(一九〇三年)でフォード・モーター・カンパニーを創設し、自動車生産を開始。

もちろんフォードのような野心家は多く出現し、会社は離合集散を繰り返すのですが、結局、大量生産技術を確立したフォードが競争の勝利者となりました。

一九一八年には、アメリカで保有される自動車の半分が「T型フォード」だったと言いますから、ビッグスリーなんてものではなく、自動車業界の覇者《はしゃ》でした。

翌一九一九年、ヘンリー・フォードは息子のエドセルに社長の職を譲りました。ところが、これは名目だけ。まだ五六歳だったためか、その後も実質的な経営権を握り続けたのです。そして二十数年後の一九四三年、エドセルに先立たれてしまいました。フォードは七九歳になっていました。

ここで「エドセルの息子（孫のヘンリー・フォード二世）を社長に」という声が上がりますが、フォードはそれを認めず、再び社長に就任しました。そして八一歳まで務め、八三歳で他界するのです。当時のアメリカ人としては長寿の部類でしょう。しかし、晩年は対人恐怖症になり、ノイローゼ状態だったと言われています。

息子のエドセルが他界したのは第二次世界大戦の最中でしたから、ヘンリー・フォードが会社を孫に任せられなかった気持ちはわからないではありません。しかし、結果として、彼は苦悩しながら死にました。十分な富も名声も手にしていながら、です。

老いてなお、絶えまない進歩と激しい競争の中に身を置き、死してのち已《や》む。人物伝の主人公としては見事な生涯だったのかもしれません。しかし、当人としては精神的にかなり辛いことだったのではないでしょうか。

定年になって会社から身を退《ひ》く、ビジネス社会から遠ざかる——というのは、理科系の世界から去ることを意味しています。「まだやれるのに……」と思っている人も少なくないでしょう。ただ、理科系の世界で過ごす晩年にはヘンリー・フォードのようになる危険が潜んでいます。競争に勝ち続けたとしても、です。

定年を機に理科系の世界から足を洗い、別の世界を探してみてはいかがでしょうか。

4　晩年には、文科系の世界が向いている

私はたまたま文科系の世界でずっと生きてきましたが、こちらは「進歩」が原則にはならない世界です。新しいほうがレベルが高いとは言えません。

たとえば「紫式部《むらさきしきぶ》より文学的レベルの高い女流作家を挙げよ」と言われたら困ってしまうし、「アリストテレス、ソクラテスと比べて、サルトルやハイデッガーはどうか」と言われても、「進歩した」とは言えません。

柿本人麻呂《かきのもとのひとまろ》より斎藤茂吉《さいとうもきち》の歌は進歩しているか。式子内親王《しきしないしんのう》の歌より俵万智《たわらまち》の歌のほうが感覚の洗練が進んでいるか。芭蕉《ばしょう》の俳句より金子兜太《かねことうた》の俳句が秀《ひい》でているか。日蓮上人《にちれんしょうにん》は釈迦《しゃか》より深い宗教的境地に達したか……。

英文学においてだって、最高峰はシェイクスピアだろうというのが衆目の一

致するところでしょうし、音楽では誰がバッハ、ハイドン、ベートーベン、モーツァルトを超えたか、ということです。これは美術しかり、詩歌しかり、書道しかり……枚挙に暇《いとま》がありません。

では、そうした斯界《しかい》の巨人とは比べものにならないから、同じ分野のそれ以後の人びとは無意味でしょうか。もちろん、そんなことはありません。英文学で言えば、シェイクスピア以後も優れた作品を残した作家はいくらでもいます。

『ガリバー旅行記』のジョナサン・スウィフト、『クリスマス・キャロル』『二都物語』のチャールズ・ディケンズ、『宝島』のロバート・ルイス・スティーヴンソン、『シャーロック・ホームズ』のアーサー・コナン・ドイルもいます。新しいところでは、サマセット・モーム、D・H・ローレンス、アガサ・クリスティ、ジョージ・オーウェル、フレデリック・フォーサイス……。

要するに「みんな、それぞれいいじゃないか」というのが文科系の世界です。これが最高峰だから他は要らないということにはなりません。もちろん、ぜんぜんダメなものも出現しますが、それだって商品にならないとか、人が聞いてくれないというだけで、自分が楽しむだけなら、ダメだってかまいません。基本的に「好み」の問題なのです。

理科系の世界がバトンをリレーしながら一直線上をどんどん先に進んでいくのに対し、文科系の世界はそれぞれが好きな場所に自分の山を築いていくようなものです。向こうに巨大な山があろうと、隣に似た山があろうと、そんなことには関係なく、自分の山を作ればいいわけです。

これは自分の好みの分野にマイペースで取り組めばいいのですから、進歩と競争に明け暮れる理科系の世界より、ずっと年寄りに向いています。

前項で述べたようにビジネス社会というのは理科系の世界です。そして、定年になってビジネス社会を去るのは進歩と競争の世界から解放されるということです。

ヘンリー・フォードとは対照的に、理科系の世界から文科系の世界に見事に転じた人物に、三井物産を世界の財閥に育てた益田《ます》孝《たかし》がいます。

益田は嘉永《かえい》元年（一八四八年）、佐渡の地役人の息子に生まれました。父親は下級武士でしたが、非常に優秀な人物で、黒船が来航すると箱館奉行所に呼ばれます。その時に少年の孝（幼名・進）も付いていき、箱館で英語を習い始める。そして、父親が江戸の外事係を命じられると、それにも付いていき、子どもながら英語がうまいので、外国方通弁《つうべん》御用として、当時、麻布の善福寺にあったアメリカ公使館に勤めました。この時、弱冠《じやつかん》一三歳です。

文久二年（一八六二年）に生麦《なまむぎ》事件、翌文久三年に薩英戦争が起こると、幕府はその謝罪のために外国奉行池田長発《いけだながおき》を遣欧使節に命じますが、益田父子はこれに随行します。同じ年に伊藤博文《いとうひろぶみ》や井上馨《いのうえかおる》らが密出国してイギリスに渡っていますから、益田少年は当時、もっとも早く欧州を見たもっとも若い日本人です。

帰国後は幕府陸軍に入りましたが、維新を迎えると、商人になったり、大蔵省に招かれたりします。ここで渋沢栄一《しぶさわえいいち》と知り合い、明治九年に三井銀行、三井物産（旧）が設立されると物産の社長に就任しました。

明治から大正初期にかけての日本の近代化は世界史に例のないほど凄《すさ》まじいものでした。幕府以来の大資産家が次々に潰《つぶ》れていき、現在まで残っているのは三井、鴻池《こうのいけ》、住友など数えるほどです。旧態依然とした江戸の大商人では時代の荒波を乗り切れなかったのです。

そんななかで、益田は新しい産業に対応し、近代的経営を導入し、三井物産を世界の大商社に育て上げるのです。逆に言うと、日本近代化の大きな一翼《いちよく》を担っていたのが三井であり、その三井を担っていたのが益田孝でした。これは大袈裟《おおげさ》な表現ではなく、明治四十年代の三井物産の年商は約二億円、当時の日本の貿易総額のほぼ二割を占めていました。

一六人でスタートした三井物産をそこまでに育て上げた益田は、三井物産(三井合名会社)の後継者に団琢磨《だんたくま》を据《す》え、一線を退きます。六六歳でした。

そして、本格的に茶の湯の世界に入っていく。「鈍翁《どんのう》」と号したのは、明治四十一年(一九〇八年)に開いた還暦自祝茶会からで、入手した黒楽《くろらく》茶碗「鈍太郎」(表千家六世・覚々斎《かくかくさい》宗左《そうさ》作)にちなんでいました。

茶道は競争とは無縁の感性の世界ですが、ここでも益田はリーダー格になります。九一歳で他界（昭和十三年）するまでの約三〇年、益田を中心とした関東の茶道は、関西の千家を凌《しの》ぐほど活発になり、鈍翁の茶席に呼ばれることが政治家や経済人の箔付《はくづ》けになっていくわけです。

ヘンリー・フォードも益田孝もビジネスの世界で赫々《かくかく》たる戦果をあげた大成功者でしたが、その晩年はまったく違っています。フォードが老いてなお理科系の世界から去れなかったのに対し、益田は還暦を迎えると文科系の世界に移ったのです。

九五歳までの晩年を、穏やかに豊かに過ごすにはどうしたらよいのかと考えると、やはり、鈍翁のように自分の好きな文科系の世界に居場所と生きがいを見つけるのが賢明でしょう。

過日、ＮＨＫで本阿弥光悦《ほんあみこうえつ》と楽家《らくけ》の作品を集めた楽茶碗の展覧会を報じていましたが、そこに「乙御前《おとごぜ》」という名品が出品されていました。その箱書きに鈍翁が「たまらぬものなり」と認《したた》めていると、何かで読んだことがあります。

「たまらぬものなり」という一言に鈍翁の鑑賞力を見ると共に、その晩年の心境を垣間《かいま》見る思いがします。また鈍翁の書も素晴らしいものです。若い頃から、日本人としてもっとも多く欧米の文物《ぶんぶつ》に触れる機会があった人の晩年の生活の質の高さに敬服します。

私の知人の知人に、定年退職の時に、家を改築して能舞台を造った人がいます。この人は理科系の人でしたが、晩年は心ゆくまで好きな能を、自宅で舞っていたのです。益田鈍翁のような経済力はなくとも、この程度の贅沢《ぜいたく》を自分に与えることのできる人は少なくないのではないかと思います。

5　「あらまほしきイメージ」を掘り起こす

　晩年の生き方を考える時、そのベースとなるのは、その人の持っている「あらまほしきイメージ」です。これは晩年に限ったことではなく、一人の人間がどんな人生を送っていくかを大きく左右しています。

　スポーツの世界にイメージ・トレーニングというのがあり、これをしっかりやると上達が早いそうです。もちろん、フィジカルなトレーニングとは車の両輪なのでしょうが、たとえば怪我をして身体を動かせない時にイメージ・トレーニングだけをしていても、快復後には上達していると言います。

　荒川静香《あらかわしずか》選手は、競技の前に雑音が入らぬように耳あてをし、目をつぶって、自分の理想の演技をイメージし続けたそうです。フィギュア・スケートではいちいち意識して身体を動かすわけにいきません。イメージなのですね。

こうしたイメージの効果がスポーツに限らず、人生万般《ばんぱん》で活用できるのではないでしょうか。私の若い頃にはそんな言葉は普及していませんでしたが、振り返ると、自分はイメージ・トレーニングをやってきたんだなと、多くのことで思い当たります。

私が最初に持った強力なイメージは「池のある家」でした。幼い頃、毎夏、遊びに行った祖母の生家です。最上《もがみ》川の支流が流れる山の中で、家のすぐ後ろの山から清冽《せいれつ》な水を引いて、庭の小さな池に鮎《あゆ》などを飼っていました。川魚は山村の貴重な蛋白《たんぱく》資源だったのです。

鮎を獲《と》るのが巧《うま》い当主（祖母の姉の旦那）は、獲ってくると池に放しておきます。夏休みに私たちが行くと、その鮎を串に刺して炉端《ろばた》で焼いてくれました。それで、私は「自分の家の庭にも池があったらいいな」と思ったのです。

しかし、私たち一家が住んでいたのは鶴岡市の街中で、殿様か高級料亭でもなければ庭に池を作れる環境ではありませんでした。

一度だけ池らしきものを持ったのは戦争中のこと。防空壕を造ることになり、土を盛り上げるため庭に大きな穴を掘ったのですが、そこに雨が降り、否《いや》応《おう》なしに小さな池になってしまったのです。私はこれ幸いと、鮒《ふな》や泥鰌《どじょう》を獲ってきて、そこに放して喜んでいました。

しかし、戦争が終わると、私の池は家庭菜園に変わりました。母が野菜を作り始めたのです。食糧優先は当然のことで、文句を言える筋合いではありません。

こうして私の池は半年くらいで消えてしまったのですが、心の中の「池の夢」はなくなりませんでした。子ども心に「池が欲しい。池のある家に住みたい」と思い続けていたのです。

そして半世紀以上が経《た》ち、気付いてみると、私の家には池があって、三〇歳以上の鯉が二〇匹くらい泳いでいます。

どうしてそうなったかと問われても「イメージがあったから」としか答えようがありません。子どもの頃に池のある家のイメージが焼き付き、「池が欲しいなあ」と思ったからなのです。いろいろなことが人生の中で起こっているうち、そのイメージに向かって無数の無意識の決断が重なった結果だろう、としか説明のしようがありません。当然、今度、新築した書斎にも、鯉のために池を掘りました。

もう一つ、私がずっと抱いていたのは書斎のイメージです。高校を卒業し、大学に行く前の春休みのこと。英語の恩師・佐藤順太先生にお礼の手紙を書くと「遊びに来い」と声を掛けてくださいました。

佐藤先生は、日露戦争の頃に東京高等師範を出られた方で、だいぶ前に退職されていたのですが、戦中の教員不足の折に旧制鶴岡中学（のちの鶴岡第一高等学校、現・鶴岡南高校）の教壇に招かれました。そこで私たちに英語を教えてくださいました。

猟がお好きで、猟銃や猟犬についても日本有数の権威。戦前の三省堂の百科事典で猟銃の項目をお書きになったり、『猟犬操縦法』という本を翻訳されたりしていました。単なる英語の先生ではなかったのです。

佐藤先生のお宅をお訪ねし、そこで私は生まれて初めて本物の書斎を見ました。天井まで積み上げられた桐の倹飩《けんどん》（木版の本を入れる桐の細長い書物箱）に和漢の木版本や書写本が納められていました。

そして、英語のネルソン百科事典やアメリカの大英語辞典があったのです。当時、田舎で全二十数巻のネルソン百科事典（百科事典としてはもっとも小さい部類）を個人で持っているのは稀有《けう》なことでした。部屋の隅には分厚い碁盤が置かれていたのも鮮明に覚えています。

それほど広い書斎ではありませんでしたが、障子を開けると目の前に小川があり、その先には青龍寺川《しょうりゅうじ》が流れていました。藤沢周平《ふじさわしゅうへい》が『蟬《せみ》しぐれ』（文春文庫）に書いた川です。

そんな書斎で、佐藤先生は着物姿でゆったりと座り、煙草を喫《の》みながらいろいろな話をしてくださいました。

私の瞼《まぶた》に、この恩師の姿と書斎が強烈なイメージとして焼き付きました。「よし、オレもこういう書斎に入って、先生のように老いたい」と思ったのです。

時に昭和二十四年でした。その年の春に上京し、大学生になった私の生活が書斎とはかけ離れたものだったのは言うまでもありません。四畳半に二人という寮生活で、本を置くスペースは小さな机の上だけ。物理的にも経済的にも、多くの蔵書に囲まれて暮らすなんて「夢物語」でした。

夏休みに帰省すると、必ず佐藤先生のお宅に伺いました。夜は自宅にいるより先生のお宅にいることのほうが多いというくらいでした。話題の大半は本のことです。

「大学で竹下数馬《たけしたかずま》先生から『伊勢物語』を読むように勧められました」と私が言うと、「『伊勢物語』は藤井高尚《ふじいたかなお》の注釈に限る」とおっしゃって、倹飩から藤井高尚の『伊勢物語新釈』の木版本を取り出し、しばし説明してくださる——という具合でした。

書斎の空気を吸い、恩師に話を伺う——それは、私にとってかけがえのない時間でした。私の中の書斎のイメージはそのたびに鮮明になりました。そして、現在に至るまで揺らいだことがありません。

また、書物の「版」に目を開いてくださったのも先生です。先生の書斎の刺《し》戟《げき》を受けて、乏《とぼ》しい財布をはたいて賀茂真淵《かものまぶち》の『古今和歌集打聴《うちぎき》』の和本二〇巻を信濃町の古本屋で一〇〇〇円で買い（当時、寮費は三食付きで一月二〇〇〇円）、得々《とくとく》として先生にお目に掛けました。昭和二十五年の春休みの時です。先生はそれを見ると「エヘヘ」と微笑か苦笑かされて、御自分の本を出されました。私は「あっ」と驚きました。私の本では頭註《とうちゅう》の細字がつぶれて読みにくいのに、先生の本では鮮明なのです。

「これが初刷りと後刷りの差だね」

と先生はおっしゃった。私は日本の大学の英文科で、英書の「版」を問題にする先生に出会ったことはありませんでした。先生の一言で、私は書物の「版」について開眼したのです。その時の先生の書斎でのお姿は今でも記憶にあざやかです。

おそらく、こうした体験は私に限ったことではないでしょう。多くの人が少年期・青年期に似たような体験をしているものです。「自分もああなりたい」と思った人や「いいなあ」と感じた光景に出逢っているはずです。

　これからの何十年かをどのように生きるか——それを考えるにあたって、まず自分の中に眠っている「あらまほしきイメージ」を掘り起こしてみてはいかがでしょうか。

6　選択はイメージに忠実に

鮮明なイメージ（＝願望）を持っていると、その人の人生は自然にそちらに向かっていきます。もちろん、一直線に到達というわけにはいきませんが、紆《う》余曲折《よきょくせつ》、時には後退しながらもだんだん近付いていくものです。

大学生の頃、私の「書斎のイメージ」には実現の兆《きざ》しが見えませんでしたが、大学院に進んだ頃に一つの進展がありました。たまたま上智大学に管理人室の付いた新しい図書館ができたのです。管理人室には二部屋があって、台所は共用でした。

話を耳にした私は早速申し込み、そこに住まわせてもらいました。図書館司書ではなく建物の管理人ですから、仕事はたいしたことありません。大学が七時頃に終われば、図書館の窓が全部締まっているかをチェックし、玄関に錠をかければいい。

当時、上智大学には国際学部（インターナショナル・ディビジョン）という、アメリカ人の兵隊さんなどが来るコースがあって、それがある日は、九時頃になります。仕事はそれだけで、他には何もありません。掃除もしなくていい。タダで住めることが報酬で、管理料は出ないのです。

しかし、私にとって、これはすごい体験でした。夜になると完全な静寂《せいじゃく》。夜中に一度か二度、シェパードを連れた警備員が回ってきて、この人に会うと挨拶《あいさつ》するだけです。

当たりたい本があったり、調べたいことがあると、図書館の書庫に行けばすぐ解決。昼間に本を借りようと思ったら、カードで検索し、申込書を書いてカウンターに持って行き、出庫してくれるのを待たねばなりません。挙《あ》げ句《く》に「閲覧《えつらん》中」「貸出し中」なんて言われたりすることもあるわけです。

ところが、図書館に住み込んでしまったら、書庫に行って自分で取り出せばいい。誰も閲覧していないし、重要な本は貸出し禁止ですから、見たい本は必ずあります。しかも、同じ書棚に置かれたもっといい本が眼に入ったりするわけです。

借りものながら、巨大な書斎のある生活を体験した私は、見たい本がすぐに見られる——つまり書斎を持つ——ことはすごい時間の節約になるのだと実感しました。

そして、この図書館は全学部用の本が入っているから大きいけれど、私が関心のある分野だけであれば、この何千分の一の図書館でいい、そういう個人の図書館を持ちたいと思いました。私の中で書斎のイメージがより具体化したのです。

その後、ドイツ、イギリスに留学しましたが、それぞれの国で図書館がどうなっているかが、私の大きな関心事の一つになっていました。

ドイツの大学には、図書館に二つの系統がありました。一つは学部、学科の図書館で、たとえば英文科なら英文学、英語学の世界中の論文、本が揃っていて、絶対に館外の貸出しはしません。館内でちょうどその本を誰かが読んでいない限り、必ずそこにあるのです。しかも貸出し手続きなしで取り出して、そこで読めます。

もう一つが全学を対象にした大学図書館で、こちらは何冊でも貸してくれ、その本を読みたいという人が現われない限り、何カ月でも借り出せます。私は、論文を書いていた時にラテン語の文法集が必要になり、カイルという人の『ラテン文法家集』五巻を借り出し、二年半くらい学寮内の自分の部屋の机の上に置いていました。日本でもこういう図書館のシステムがあるといいなあと思ったものです。

そして、イギリスに行くと、また別の世界がありました。オックスフォードのボードレアン図書館のデューク・ハンフリー・ルームに鎖のついた本があったりして、一種独特な雰囲気なのですが、当時、入館者は学生でもジェントルマンとして扱われていました。

まず受付で書庫に入る資格を得るのですが、その時、手を挙げて宣誓します。「タバコを喫《の》みません。持ち出しません。盗みません……」という具合に五カ条ぐらい。それを済ませると、あとは自由に閲覧できるのです。貴重な本がいっぱいあって、自由に手に取って読める。ドイツの大学図書館は貸し出してもらわないと見られないけれど、オックスフォードは自由でした。私は「ああ、こんな図書に囲まれていたら幸せだなぁ」と思ったものです。

帰国してから、ずっと大学の教員をしましたが、私の頭からは、より鮮明になった書斎のイメージが離れませんでした。それで、書斎を持てる状況になるまでは結婚しないと覚悟を決めました。

そんなこと関係ないだろうと思われるかもしれませんが、これは非常に大事なことです。というのは、大学院生の時には優秀で前途有望だと思われていたのに、結婚したら何もしなくなってしまう人が実に多いのです。奥さんの出来も関係あるのでしょうが。

私はその原因の一つは住宅事情だろうと推察しました。まだ住宅事情が非常に悪い時代でしたから、若い講師くらいの人は結婚してもたいてい間借りです。

当然、蔵書なんかほとんど買えないし、買えても置けません。書斎とはほど遠い状況から結婚生活が始まってしまうのです。文科系の学徒にとっては致命的な状況です。

すると、なかなか書斎まで辿《たど》り着きません。少し経済的に余裕ができても、それは育児や教育のためとか、実生活を豊かにするために使われてしまう。そして、ようやく書斎に辿り着いた頃はもう老眼がひどくなったりしている……。

私が結婚したのはちょうど三〇歳の時で、書斎を持ち、本を自分の傍《そば》に集めておけるようになってからでした。書斎のイメージが結婚のタイミングを決めたことになりますが、これは今でも大正解だったと思っています。

ただし、これは文科系の学者の話で、多くの場合、理科系の学者には当てはまりません。理科系の場合は実験設備が非常に重要で、それを自宅に造るというわけにはいかないからです。

例外的に私は一人だけ理科系で老後を楽しんだ人を知っています。その人は国立大学で教えておられましたが、退官後は研究を続けるわけにもいかず、当惑しておられたのです。それを見た奥さんが――昔の日本の女性にはそういう婦人がおりましたね――蓄えをはたいて電子顕微鏡を御主人に買って庭に設置してあげたのです。

その頃、電子顕微鏡を個人で持っておられたのは、昭和天皇とこの方だけと言われました。もちろんこの方は、毎日、自分の家の電子顕微鏡を見ながら、幸せな老後を送られたのです。理科系でも、植物学とか、昆虫学とか、老後も続けることのできる分野もいろいろあるようです。

7 手本は、天才ではなく平凡な人にする

イメージを作る際、直接、謦咳《けいがい》に接した人物が手本になればいいのですが、そういう人が見当たらない場合は書物に手本を見つけることになります。

その時、あまり偉い人の本はそれほど役に立たないと思います。たとえばアリストテレスやプラトンやニュートンやアインシュタインというのは、教養として読んでみるのはいいですが、実生活の手本にはほとんどなりません。

やはり、自分の身の丈《たけ》と合った人の人生の工夫が、いちばん役に立ちます。

そういう観点で、私がたまたま発見したのがハマトンの『The Intellectual Life』（邦訳『知的生活』）でした。

ハマトンは一八三四年にイギリス・ランカシャーで生まれ、一九世紀後半に

活躍した人物ですが、天才でもなければ、偉人というほどでもありませんでした。

英国教会の牧師になるように後見人たちに勧められた彼は、オックスフォードかケンブリッジの先生の家に下宿して、まず古典を習おうとしました。ところが、その先生はギリシャ、ラテンのことはよく知っているけれど、英文学やフランス文学のことは知りませんでした。

ギリシャ、ラテンはマスターするだけで人生の半分かかり、それを忘れないようにするのに残りの半分かかると言われる世界です。それにハマトンはオックスフォード大学に入るために当時必要とされた三九カ条の信仰誓約に同意せず、大学進学をやめます。

そこで、ハマトンは好きだった絵を描き始めました。しかし、画家としてはとても成功しないことを自覚し、美術雑誌を出し始めます。イギリス初の本格的な美術雑誌で、百科事典くらいの大きさの版です。

私はアメリカの財閥が持っていたのを譲ってもらいましたが、なかなか立派なものです。これを二十数年作り続け、ハマトンは美術評論で重要な位置を占めるに至りました。彼のいくつかの文章はブリタニカ百科事典に採用されています。

そして、若い人へのアドバイスを手紙のような形で書いたのが『The Intellectual Life』です。いわば、天才ではないが平凡人として成功を収めたハマトンの生活術です。これはすぐにベストセラーになり、その後も広く長く読まれ続けました。日露戦争の時に奉天あたりでイギリス人の牧師さんが持っていたということもあったくらいです。アメリカでは彼の一〇巻の全集も出されました。

しかし、この世界的ベストセラー、ロングセラーが、一時、売れなくなり、忘れられてしまいます。当時の本の最後の版を調べてみると、第一次世界大戦が終わり、ムッソリーニ、ヒットラー、スターリンが出現し、世界が全体主義の方向に流れていった時期です。

イギリスは全体主義にはならなかったけれど、それに対応せざるを得ず、とても知的生活なんて雰囲気ではなくなります。それで、いつのまにかハマトンは忘れられてしまったのです。

私が最初に『The Intellectual Life』に出逢ったのは昭和二十七年の春休みの時、つまり大学四年生になる直前の時でした。当時は、卒業論文を英語で書かなければならなかったので、千葉勉《ちばつとむ》という先生に「癖のない英語の手本には何がいいでしょうか」と聞いたのです。

すると即座に「ハマトンの英語は癖のないいい英語だったな」と答えてくださいました。千葉先生は昭和初期にイギリスに文部省留学生として派遣された学者です。夏目漱石《なつめそうせき》が一回目の英文学の文部省留学生ですが、千葉先生は東大からは四回目ぐらいの派遣生で、いわば〝英文学界の耆宿《きしゆく》（名望・経験のある老大家）〟と言われた方でした。

戦前、ハマトンは入学試験によく出ていたくらいで、神田に行けば古本がいっぱいありました。早速、買って、春休み中に一日半ページくらい読んではノートに訳し、それをまた英語に戻す。翌日、また戻せるかを試したりして、二カ月くらい読んでいました。しかし、内容は何となくピンときませんでした。

二度目に手にしたのは一九六〇年代の終わり頃（ベトナム戦争の頃）で、私がフルブライト教授としてアメリカで一年間過ごしたあとでした。日本に戻ってみると、高度経済成長が一段落し、何か落ち着いた感じになっていたのを覚えています。その時、何となくハマトンを読みたくなり、再び手にしたのです。

記されているのは平凡な人（といってもちょっと上の人）の平凡な教訓だと知ってはいましたが、読み返してみると、それは私が求めていた「書斎の生活」のノウハウでした。毎ページが、私のために書かれたような内容で、赤線を引いていったら、最後まで真っ赤になりました。

その感激があった頃に、たまたま講談社の浅川《あさかわ》港《みなと》という若い編集者に会いました。

「『知的生活』なんていうのはどうですか」

「『知的生活』ですか……」

その時はパッとしない反応でしたが、数日後に現われたこの編集者は「考えてみたらなかなかいいですね。『知的生活の方法』にしましょう」。

当時、私は四十代でしたが、若い講師や大学院生の中に「優秀なのにこのままではダメになるかもしれない」という人を多く見ていました。原因は生活の仕方が悪いというか、どうも知的活動には向かない生活をしているのです。

そこで、書斎の効用を説き、その造り方を書くことにし、「高温多湿の日本では絶対にクーラーを入れたほうがいい」というようなことまで記したのです。当時クーラーは贅沢品で推薦してはいけない雰囲気でした。

こうして一九七六年に講談社現代新書として発売になった『知的生活の方法』がベストセラーになりました。そして原典となった『The Intellectual Life』についての問い合わせが殺到したため、教え子であった下谷《しもたに》和幸《かずゆき》君（現・明治大学教授）に翻訳してもらって出版しました（『知的生活』一九七九年講談社、現・講談社学術文庫）。

すると、驚いたことにイギリスでもアメリカでも再版したのです。何十年かぶりのことでした。日本からの注文が多かったからだと聞いています。

『知的生活の方法』は住宅問題がまだ全然解決していない時代に、書斎という「ブルジョア的なもの」について書いたため、ある種の人たちには反感を持たれましたが、今でも毎年、版を重ね、一一五万部を数えるに至っています。

あの本を読んで「さっそく書斎を造った」とか「自宅に陶器を焼く窯《かま》を造った」とか「二階をアトリエにした」という方にもよくお目に掛かります。テレビの対談でお会いした某大学の学部長さんは、高校時代にこの本を読んで志を立てたと言っておられました。

自著を奨《すす》めるのもどうかと思いますが、『知的生活の方法』はイメージを作るための参考になります。元来は若い人に向けて書きましたが、六〇歳の方にも役立つはずです。これからまだ三〇年以上の晩年があるのですから。

8 百人百様のイメージがあっていい

私が抱き続けた「あらまほしきイメージ」＝「書斎の人」について述べてきましたが、これはあくまで私のイメージです。一つのサンプルであって、みんなが書物に囲まれた晩年を送るべきだと考えているわけではありません。本当に十人十色ですから。

お伝えしたかったのは、何かイメージを持ち続ければ、いずれそれは実現する、潜在意識がそこに導いてくれるということです。これはジョセフ・マーフィーが多くの著作で繰り返し主張しました。

私がマーフィーの著書（『眠りながら成功する』の原本）に出逢ったのはオックスフォードに留学していた時でした。ある時、ロンドンの本屋の店頭にたくさん積んであったのです。早速、買って読んでみると面白かった。

同時にそれまで抱えていた一つの疑問が氷解しました。その疑問とは「全体主義と自由主義ではなぜ、こんなに差がつくのか」ということです。

オックスフォードに来る前、私は西ドイツに留学しており、東ドイツにも行ってみました。一九五五年（昭和三十年）、今から五〇年以上も前、まだベルリンの壁ができていない時代です。

その時、敗戦後（分割後）わずか一〇年だというのに、東西ドイツの差は一《いち》目瞭然《もくりょうぜん》でした。その印象は非常に強いもので「いったい、なぜこんなに？」と思い、自分なりに理由を考えていたのです。しかし、どうもはっきりとはわかりませんでした。

ところが、イギリスでマーフィーの本を読み「アッ、そうか」と膝《ひざ》を打ちました。アメリカで牧師をしていたマーフィーは自由主義を前提としています。自由主義社会は百人百様の夢を持っていい社会です。彼は著作の中で「何かを達成したいなら、そのイメージを持ち続けなさい」と述べていますが、その

「何か」は何でもいいのです。

マーフィーは誰もがそれぞれ個別の夢を持っていることを前提に、その夢を達成するにはどうしたらいいかと論じていたのです。

これに対して、全体主義社会では夢が一つしか与えられていません。一人の指導者——たとえばスターリンや毛沢東《もうたくとう》のような独裁者——の理想を実現するために、全員がその方向に進まなければなりません。個人の側から見ると、贅沢したり、出世するためには共産党に入って幹部になるくらいしか方法が見当たりません。

すると、共産党内での出世競争に勝てそうな人はいいけれど、それ以外の人には夢も希望もなくなる。大多数の人が絶望し、やる気を失ってしまうのです。

これこそ、自由主義社会と全体主義社会の違い、大きな格差が生まれてしまう原因だと、すとんと胸に落ちました。

私は、日本に帰ると早速、マーフィーの著作『眠りながら成功する』を翻訳して出版しました（大島淳一訳＝若い頃の私のペンネーム、産業能率大学出版部、現・知的生きかた文庫）。というのは、当時、日本の言論界は左翼一色。岩波書店の『世界』を頂点に、朝日、岩波の権威が揺るぎもせず、左翼（＝全体主義）に非《あら》ずんば言論人に非ずという雰囲気だったのです。

私は「それは違うだろう」と言いたい気分だったのですが、まだ理論として公表するところまではいっていませんでした。そこで、マーフィーを翻訳し、とにかく百人百様の夢があるんだということを同胞に知らせたいと思ったのです。

幸い、この本はベストセラーになり、今もって毎年版を重ねています。もう四〇年以上のロングセラーです。最近も、ある方と対談の折、ライターとして立ち合った編集プロダクションの女性が「自分はあの本のおかげで独立して会社を作ることができました」と言って感謝してくれました。

ですから、自由主義社会では百人百様のイメージを持っていい。晩年の「あらまほしきイメージ」も百人百様であっていいのです。

佐藤先生の書斎に伺ったのは私一人ではありません。何人かの友人も伺って、あの書斎の空気を吸っていました。しかし、それを「あらまほしきイメージ」として心に刻んだのは私一人だったようです。

これは才能や感受性の優劣といった問題ではなく、単に相性や好みの違いでしょう。友人たちは別のところで私とは違う「あらまほしきイメージ」を心に刻んでいたはずです。

大学生時代、寮の同室に非常に変わったイメージを持つ友人がいました。「芸者が出入りする料亭の亭主になりたい」と言うのです。聞けば「生家がそういう商売をしていたのだけれど、戦争で父親も亡くなり、できなくなってしまった」そうです。ある時、彼と一緒に久月《きゅうげつ》かどこかの人形屋にアルバイトに行った男が私に言いました。

「あいつは変わってるよ。お客さんが来ると、揉み手して『いらっしゃいませ』なんて愛想よく言えるんだよ」

客商売なら当たり前のことですが、当時の学生は不器用で、そんなことに慣れてはいませんでした。率直に言えば、お愛想を言い、客にペコペコするなんて、下賤《げせん》な商人のすることだと思っていたのです。

しかし、同室の友人は、生前、父親がそうしている姿、客や芸者で賑《にぎ》わう有《あり》様《さま》を見て「あらまほしきイメージ」を描いていたのでしょう。だから、アルバイト先で客に愛想を振りまくのが楽しかったのです。

その後の消息はわかりませんが、きっとどこかで料亭の亭主に収まっているに違いないと思っています。

9　人は何を幸福と感じるか

いったい人間にとって幸福とは何なのでしょうか。

英語のhappyはhappenと同じ語源から派生した言葉です。何かが起こって(happenして)、それによってよきことがもたらされるのがhappy。外から自分をhappyにするものが来るという感じです。日本語でも「幸せ」の語源は「仕合《しあわ》せ」で、ハプニングのことです。江戸時代の文献にも「河豚《ふぐ》食った仕合せで死んだ」という例があります。

つまり、幸福というのはだいたい外側、ある人を取り巻く外部環境からもたらされるというニュアンスです。たとえば、女性の幸福を考えると、昔ならまず金持ちの家に嫁に行くこと。金持ちとまでいかなくても、亭主がちゃんとした仕事を持っていて、生活に困らず、あまり意地悪な姑《しゅうとめ》がいなければ、まあ幸せであると——。

たしかに、多くの人がそう思っていた時代がありました。ところが、今はそうではなくなっています。そういう条件は揃っているけれども、ちっとも幸せ（仕合せ）ではないという人が大量に出現しているのが現代です。

いや、現代と言ってしまうと間違いかもしれません。外側は条件が整っているのに幸福でなかった人はシェイクスピアの時代からいました。『ハムレット』も『マクベス』も王家の物語なのに、それぞれの登場人物が悩み苦しむという悲劇です。

シェイクスピアがそれらの物語で書きたかったことの一つは、人間の幸福＝happy、あるいは不幸＝unhappyというものは、その語源的な意味とは違って外側から来るのではないということでした。

これこそが、シェイクスピアとそれ以前の文学の違う点だと言われています。たしかにそのとおりで、happyという単語の意味も、それまでの「外側で起こる」というニュアンスから、シェイクスピア以降は「心の内側」の意味になってくるのです。

日本でも明治の頃からこれが小説のテーマになります。外側の幸せ（仕合せ）そうな条件が必ずしも内側の幸せとはならない――たとえば尾崎紅葉《おざきこうよう》の『金色夜叉《こんじきやしゃ》』などです。

これがどんどん進んで、内側さえ満たされていれば幸福になれるという考え方が出てきます。男女関係で言えば「若かったあの頃、何も怖くなかった……」という『神田川』の世界。三畳一間で貧しくとも、若い二人はその時、幸福です。しかし、これはあまり長くは続きません。花火みたいなものでしょう。

少し年をとってくると、そうも言ってはおれなくなり「貧しさに負けた……」という『昭和枯れすすき』の世界が訪れます。ここでは「いっそ、きれいに死のうか」ということになってしまい、人間、内側だけが満たされてもダメなんだと反省することになります。

結局、辿り着くのは、外側も内側も重要だという、きわめて平凡な結論です。外側とは、端的《たんてき》に言えば経済的基盤で、これはわかりやすい。内側は男女関係なら愛ということでしょうが、人間の内側はそれだけではありません。人間の内側を満たす重要なものの一つに、私は「自分の能力が生かされているか」ということがあると思います。

どんな職であれ、生き生きと働けるということは、その仕事が自分の能力に合っているということでしょう。ですから、男は自分に合った仕事ができていれば幸せだと思います。

自分の能力に合った仕事が見つからないという若い人がよくいますが、多くの場合、単なる怠惰《たいだ》で仕事に自分を合わせようとしていないだけ、あるいは自分の能力を過大評価しているだけです。

私は、高校くらいまでに、自分の嫌いなものがはっきりわかっていれば、あとはだいたい合わせられると思っています。その意味で、私が幸運だったのは学徒勤労動員があったことです。田植え、草取り、山の木の伐採、堤防工事、学校・工場造りなどをしました。その時、私は「オレは絶対にこんなことやりたくない」と思ったのです。自分に合わない仕事がはっきりわかりました。それがわかると、選択肢が絞られてくるわけです。

戦後は、学資を稼ぐために、露天商《ろてんしょう》のアルバイトをしたことがあります。本職の露天商からは「おまえ、わりと才能がある」と言われましたが、私自身は「絶対になるまい」と思っていました。そして、「書斎の人」を自分のあらまほしきイメージとしてきたのです。

いったい、何をしたら自分の内側は満たされるのか。もうすぐ定年を迎える人たちは「仕事」という枠組みを外して考えていいわけです。これは若い人が適職を探すよりもずっと簡単でしょう。ひたすら自分の内側に聞いてみればいいのですから。ただ、それには時間が意外に長くかかるかもしれません。

10　誰にもやり残していることがある

もうすぐ定年で、九五歳まで三五年くらいあるけれど、この先の「あらまほしきイメージ」がなかなか思い浮かばないという方もいらっしゃるかもしれません。四〇年近く会社勤めをしてきたので、会社と関わらない生活が想像できない、だから、これから何をしていいのかわからない、と……。

しかし、それは今たまたまわからない、つまり意識できないだけです。誰でも、やりたいことが必ず心の奥に残っているものです。

人間はさまざまな過程を経て成長しますが、それぞれの過程に無限の時間が用意されているわけではありません。人生自体が有限なのですから、それぞれの過程も限られた時間しか与えられていないのです。

小学生時代は六年、中学生は三年、高校生もたいてい三年、大学生は四年かプラス数年でしょう。その間に、当然、やらなければならないことがあります。いっぽうでやりたいこともたくさんあったはずです。

しかし、それらをすべてその過程でやり尽くした人はまずいません。ほとんどの人はやり尽くす前に次のステップに進んでいるのではないでしょうか。

たとえば、小学生の頃に釣りが好きだったけれど、なかなか連れて行ってもらえなかったとか、高校時代にフォークやロックのバンドを組んでいたけれど、大学受験のために解散したとか、大学生の時に演劇をやっていたけれど、それでは食えないので会社に就職したとか……。

一つのことを選択すれば、別の何かを諦《あきら》めなければならないのが人生でしょう。だから、どんな人にも諦めたこと、やり残したことがあります。

数年前に定年退職した知人がいます。私より一〇歳ちょっと年下で、若い頃（終戦直後）からの付き合いです。いい声をしていて歌がうまく、頭もよかった。

時々、私の書斎に遊びに来ていたのですが、ドイツ哲学に関する私の蔵書を読んで、「ああ、こんなの読んでたら、面白いなあ」なんて言います。

私は「それなら、あなた、哲学科に行きなさいよ」と勧めたのですが、結局、行きませんでした。哲学科に行ったら、卒業後の職は学校の先生くらいしかなく、当時、教員は貧乏な職業の代表でした。彼の父親は大きな会社の社長で、息子が哲学や音楽をやるのを歓迎しなかったはずです。

結局、彼は有名大学の経済学部かどこかに進み、卒業後は父親の関係の会社に入りました。そして、重役にはならずに定年を迎えたわけです。

もし、彼が哲学科に進んでいたら、間違いなく哲学教授になっていたろうと思います。非常に頭がよく、記憶力も抜群の人で、しかもドイツ哲学の本を面白いと言っていたくらいですから、いい論文を書いて有名な哲学者になっていたかもしれません。七〇歳定年の私学の教授になっていたら、かなり長い期間、自分の好きなことができたはずでした。

経済的に恵まれた環境や一時的な幸せが人生の幸せに繋《つな》がらないこともある

んだなと、私は思ったものです。そして、これからどうするのだろうと気になっていました。

すると、彼はコーラスを始めました。アマチュアの合唱団に入って、毎日のように歌い、方々《ほうぼう》に公演に出掛けていく。実にいきいきとしているのです。

人間万事塞翁《さいおう》が馬。九五歳まで生きるなら、あと三〇年くらいあります。若い頃に諦めたこと、できなかったこと――それは後悔すべきこと、不幸なことなのではなく、もしかしたら豊かな晩年のための「貯金」だったのかもしれません。

それを探し出せたら、けっこう長い時間を本当に楽しく暮らせるのではないでしょうか。益田鈍翁だって、一意専心《いちいせんしん》、茶をやりたいと思いながら、三井物産の発展のために多くの時間とエネルギーを使い続け、還暦退職を待っていたのでしょう。

11 内なる声に耳を澄《す》ませ

これから何をしていいかわからないという人は、それをたまたま今、思い出せないだけです。あるいは思い出してはいるけれど、何かの理由で願望から除外してしまっているだけなのではないでしょうか。

いったい、自分が本当にやりたいことは何なのか――これは誰かが教えてくれるというものではありません。自らの内なる声に耳を澄ませてみるしかないのです。

ジョセフ・マーフィーは「潜在意識はすべてを記憶している」と言っています。幼い頃から現在に至るまで、あなたが抱いた感情や体験のすべてが潜在意識の中に保存されていると言うのです。

たとえば、鯖《さば》を食べて蕁麻疹《じんましん》になった人の中には、その後、鯖を見ただけで蕁麻疹が出てしまう人がいます。これは実際に食べて蕁麻疹になった時のことを潜在意識が記憶しているからです。

食べものの好き嫌いは、おおむね幼少の頃の体験に由来しています。知人に蟹《かに》が嫌いな人がいるのですが、理由を聞くと「あの匂《にお》いが嫌だ」と言います。なぜ、そうなったのか、本人はずっとわからずにいました。

ある時、彼が「どうしてなんだろう？」と呟《つぶや》いたところ、同席していた母親が即座に答えたそうです。

「三歳くらいの頃、風邪を引いていた時に蟹を食べて戻《もど》したのよ」

本人はそんなこと、まったく記憶していないのですが、その体験は潜在意識の中にしっかり保存されていて、蟹の匂いを嗅《か》ぐと警報を発しているのです。

わかりやすいように食物の例を挙げましたが、こうしたことが万般にわたってあります。あなたが本当にやりたいことも、潜在意識の中にはしっかり保存されていますから、それを引き出してみればいいのです。

方法は難しくはありません。夜、睡眠に入る直前のウツラウツラしている時、あるいは朝、目覚めてまだボーッとしている時に「何をしている時が楽しいだろう」と思い浮かべてみるのです。

人間は覚醒している時は非常に多くのセンサーをオンの状態にしています。暑い寒いという体感、物音や声に対する聴覚、目を開けていれば視覚……、そして生活していくうえでの知識や判断力もオンの状態になっています。

これらはすべて脳が司《つかさど》っているわけですが、コンピュータに喩《たと》えれば、いくつものデータやプログラムを読み込み、作動している状態です。

すると潜在意識、内なる声が表出する余裕がなくなります。あるいは、表出しかかった内なる声を打ち消したり、押し込めたりしてしまうのです。

たとえば「アフリカの動物を見て回りたい」という願望があっても、顕在意識が「一人じゃムリだ」とか「お金はどうするのか」とか「そんな体力はない」とか、いろいろと障害を挙げてしまいます。まあ、心配性の奥さんみたいなものです。

すると「ああ、これはムリなんだ」ということになって、そのイメージはまた心の奥に仕舞い込まれてしまいます。

しかし、何らかの障害があって実現できずにいるから願望なのであって、今さらそれを気にする必要なんかありません。ここは心配性の奥さんには引っ込んでいてもらう。

内なる声を聞くには、顕在意識が活動を休止あるいは低下させている状態――ウツラウツラしている状態が適しているのです。

そういう時、「自分がしてみたいことは何だろう」「自分は何をしていれば楽しいだろう」と静かに自問してみるのです。別に思い浮かばなくてもいいや、どうせ寝てしまうのだから――というくらいの軽い気持ちでかまいません。今日思い浮かばなくとも、また明日聞いてみればいいのですから――。

12 潜在意識を活用する方法

さて「自分がしたいこと」や「こうなりたいというイメージ」が思い浮かんだら、次にどうすればよいか。普通は、実現の方法を探すとか、実現のためにトレーニングを開始するということになります。そういうステップを順調に踏んでいければいいのですが、なかなかそうもいきません。

なぜなら、そもそも、これまで実現せずにいたのは、何らかの理由で困難なことだったからです。まったく方法が見つからないとか、どこから手を付けたらいいのかわからないとか、資金がないとか、時間がないとか、いろいろあるわけです。

しかし、そういうことにいちいち関わっていると「できない理由」ばかりが山積みになります。そして、ある日「やっぱり無理だ、もういいや」と諦めてしまうことになるのです。これでは、実現できなかったこれまでと同じです。

願望を実現するにはどうしたらよいか。マーフィーは「潜在意識に任せておけばよい」と言っています。

具体的にどうするかというと、まず「自分がしたいこと」や「こうなりたいというイメージ」を紙に書きます。いくつでもかまわないし、突拍子《とっぴょうし》もないことでもかまいません。とにかく願望を紙に書く。その紙は、寝室の壁に貼っておいてもいいし、箱を用意してその中に入れておいてもかまいません。私はどんどん書いて箱に入れておくというやり方をしていました。

そして、顕在意識が低下した時――前項で述べた睡眠に入る直前など――に「潜在意識に引き渡す」のです。喩《たと》えて言えば、これは畑に種子を蒔《ま》くようなものです。願望が種子で、潜在意識が畑になります。

どんな種子を蒔く時でも、そのタイミングが肝心《かんじん》。いくら豊かな土壌でもカチカチに凍《こお》っている冬やカンカン照りの夏に蒔いたのではうまくいきません。

潜在意識に願望を引き渡す時も、それがもっとも受け入れられやすい時を選びます。

睡眠に入る直前、まどろんでいる時がいいというのは、精神的にも肉体的にも寛《くつろ》いでいる時が適しているということです。布団に入ったら、まず心身をそういう状態に導入します。身体の部位を下から上へ、末端から中央へ、順にリラックスさせていきます。眼を閉じて心の中で次のように唱えると簡単です。

「今、私の足の裏は寛いでいる。踵《かかと》は寛いでいる。ふくら脛《はぎ》は寛いでいる。膝《ひざ》は寛いでいる。腿《もも》は寛いでいる。掌《てのひら》は寛いでいる。肘《ひじ》は寛いでいる……」

リラックスすると全身の筋肉が弛緩《しかん》し、血行がよくなって掌や足の裏がポカポカしてきます。目覚めている状態と眠っている状態の中間くらいの状態です。

そうなったら、願望をイメージします。この時、大切なことは願望が達成されている状態を映像としてイメージすることです。力《りき》む必要はありません。

たとえば、もっとお金が欲しいという願望を持っているなら、立派な家でフカフカのソファに腰を下ろし、ゆっくりブランデーでも飲んでいる姿を瞼《まぶた》に思い浮かべます。そして「私は十分に豊かで満足している」と心の中で唱えるのです。

願望は望んでいることですから、それが満たされた状態を思い描けば、楽しい、いい気分になれるはずです。そして「この映像を潜在意識に引き渡しましたよ」と心の中で言うのです。

慣れてくるとわりと簡単に潜在意識に刷り込まれますが、気分のいいことですから、毎日やってみてください。願望がいくつもある場合は、日によって替えてもかまいません。また、リラックスした状態なら、寝る前でなくとも大丈夫ですから、一日に何度やってもかまいません。

願望を書いた紙を入れた箱は、一年に一度くらい開いてみるといいでしょう。実現している願望もあれば、していない願望もあります。していないものを箱に入れてまた一年。これを毎年繰り返していくうちにあなたの願望は次々に実現していきます。

実現のための手段を考えたり、努力したりする必要はありません。潜在意識に任せておけばいいのです。イメージ・トレーニングです。あとはいちいち意識しなくても、日常生活における生き方や決め方が、知らず知らずそちらに向かっていると期待しましょう。

なぜそうなるかというと、少々オカルティックな言い方ですが「ある時、天の一角からチャンスの縄梯子《なわばしご》が降りてくる。あなたの潜在意識がそれを摑《つか》んでくれる」のです。

13 手段は考えなくてよい

『マーフィー100の成功法則』(大島淳一著、産業能率大学出版部、現・知的生きかた文庫)という本があります。これは、私が同博士のエッセンスを簡潔にまとめたものです。多くの事例(マーフィー博士か私が直接知った事実)を掲載しましたが、その中にこんな話があります。

マーフィー博士の知人に再婚を望んでいる未亡人がいました。すでに七五歳で、当時のアメリカにおいて再婚相手を見つけるのは難しい年齢でした。

しかし、老婦人は「私は望まれているのだ。やさしい愛情深い方と幸福な結婚をしているのだ」と繰り返し唱えたのです。すると、何となくポーッと胸の中が暖かい気がする時があり、「本当に望まれて結婚したんだ」と実感できるようになりました。

そして半月ほど経った時、ドラッグ・ストアを所有する老人を紹介されました。その人は親切で理解があり、宗教心も深い人でした。お付き合いして一週間後、老婦人はプロポーズを受けました――。

たわいのない話だ、偶然だろう――などと思ってはいけません。客観的にはかなり困難だったにもかかわらず、老婦人がもっとも望んでいたことが現実となったのですから。

そして、ここで注意していただきたいのは、老婦人が行なったのは「私は望まれているのだ。やさしい愛情深い方と幸福な結婚をしているのだ」と繰り返し唱えたことだけ――という点です。

結婚相談所に行ったわけでもなく、シワのばしの整形手術をしたわけでもありません。願望が達成した状態を心に思い描いていただけでした。つまり、潜在意識に願望を引き渡しただけで、実現のための手段や方法には心を悩ませていないのです。

私自身も同じような体験をしたことがあります。大学生だった頃、私はアメリカに留学したいという願望を持っていました。上智大学には当時から留学制度があり、成績優秀な学生にはアメリカへ留学する機会が与えられていたのです。

真面目《まじめ》に勉強していた私の成績は同学年の中でもっともよかったはずです。私にも十分、チャンスはあると思っていました。しかし、選考を受けてみたらダメでした。アメリカ人の先生が反対したのです。

表向きの理由は、私には「社交性に欠けたところがある」ということでした。言われてみれば、たしかにそうだったのかもしれません。友人や同級生が何をしていようと、われ関せず、ひたすら本を読んでいましたから——。

しかし、もっと端的《たんてき》に言えば、私の服装がいつもみすぼらしく、しかもそれを本人がまったく気にしていないということでした。当時、私は衣服に気を遣《つか》うことなどなく、いつもヨレヨレの服を着、平気で穴の空いた靴を履《は》いていました。そんな余裕があれば、本を買ったほうがいいと思い、実際、そうしていたのです。

それで「あんなみすぼらしいヤツがアメリカに行ってもダメだ」ということになり、選考に洩《も》れてしまいました。当然、その時は大失望です。大学を卒業して大学院に進み、昼間、女子中学校で英語を教えさせてもらっていると、アメリカに留学した同級生が大学新聞に向こうの様子を書いてきます。それを読んで「羨《うらや》ましいな、おれはこんな子どもたちに教えているだけで……」と思っていました。

すると、どういうわけかヨーロッパ留学の話が回ってきて、ドイツに行くことになりました。この時の体験は非常に貴重で、それがなかったら、その後の私はないと言えるくらい、いろいろと勉強しました（興味のある方は講談社現代新書『ドイツ留学記』をご参照ください）。

さらに、ドイツから帰国せず、直接イギリスに渡ってオックスフォードで学ぶ機会にも恵まれました。「あとはアメリカに行かなきゃ」と思っていたら、フルブライト計画に関係しているアメリカ人と知り合いになり、彼が私を招聘《しょうへい》教授としてアメリカに呼んでくれたのです。

アメリカ留学の選考に落ちてから一六、七年が経っていました。留学生としてではなく、教授としてですが、アメリカで勉強できることに変わりはありません。むしろ、留学生よりずっと有利な立場で勉強でき、報酬も貰《もら》えます。

「アメリカに行きたい」という私の願望は十二分に叶《かな》えられたのです。

ものすごく回り道はしていますが、願望を持ち続けていれば、目的地には辿《たど》り着くものなのです。それに回り道のドイツやイギリスでも貴重な体験をすることができました。

願望がすぐに叶わなかったり、真《ま》っ直《す》ぐに進んで行けなくとも、それを思い悩む必要はありません。いつか天の一角からスッと縄梯子が降りてくることがあるのです。

直進だけで目的地に辿り着くことなんて、ほとんどないのが人生でしょう。時には逆方向に進んでいるんじゃないかと思う時もあります。しかし、目の前に橋がなければ、下流まで行って橋を渡ればいいことです。

「念ずれば花ひらく」という言葉があります。坂村真民《さかむらしんみん》さんの詩の一句として知られていますが、念じても、その時はたいていダメなものです。その通りにはなりません。

しかし、念じ続けていると花ひらく。ある日、ふと気がつくと願望が達成されているということが起こります。

あることをやりたいと思った時、手段を考える必要はありません。手段を考えると、たいてい袋小路に入ってしまいます。希望が達せられる手段がわかれば、誰も苦労はしません。どうやって実現するかは潜在意識に任せておけばいいのです。

14　心配性の克服は水泳から

一〇年ほど前に面白い人生相談を読んだことがあります。相談者は「健康で何不自由なく生活している」七〇歳の女性でした。

「近所に娘と婿《むこ》養子、孫たちの一家が住んでいて、仲よくしているのですが、悩みのタネは、娘一家が毎年海外旅行に出掛けることです。まんがいち、一家が事故に遭《あ》い、私一人が取り残されるようなことになったらと考えると、とても不安なのです。私の家が途絶《とだ》えてしまうようなことになるのも耐えられません。一家で海外旅行に出掛けるのは私が死んでからにしてほしいと頼んでいるのですが……」

人生相談を「面白い」と評するのは不謹慎かもしれません。何しろ御本人は不安でたまらなくて筆を執《と》ったのですから。しかし、この方の悩みは、当人以外の誰から見ても杞憂《きゆう》と言うべきものでしょう。

相談者は、私とほぼ同世代です。十代の頃に戦争があり、たぶん戦後の食糧難も経験されているでしょう。当時に比べたら、今は夢のような生活ですし、この方も「健康で何不自由なく生活」しています。しかし、この方は不安を抱えていらっしゃいます。

その不安は、現在ただ今、何かで困っているために生じているのではなく、将来起こるかもしれない不幸を想像することによって生じています。

この相談者に限らず、人間が抱く恐怖感や不安はたいてい想像力の産物です。想像するから恐くなったり、不安になったりします。

たとえば、海で遠泳をする時、ボートが伴走《ばんそう》していたら泳げるけれど、ボートがいなくなると、たちまち泳げなくなってしまうということが起こる。あるいは、床《ゆか》に引いた一〇センチ幅の線の上はスタスタ歩けるけれど、平均台の上だと落ちる人がいるし、幅二〇センチでも、一〇階建てのビルの足場の上は鳶《とび》職《しょく》でもなければ歩けません。

溺《おぼ》れた時のことや、落ちた時のことを想像して、本来、備わっている能力を発揮できなくなってしまうのです。

これは、そうすることによって危険を回避しているのですから、一概《いちがい》に悪《あ》しき事と言うわけにはいきません。また、これまで述べたように、想像力はプラスの方向に働かせれば、非常に大きな力を発揮するものです。したがって、想像力自体を否定する必要はなく、それがマイナスの方向に働くのを防げばいいわけです。

「臆病《おくびょう》」というのは想像力がマイナスに働きがちな性格のことですが、そこまでいかなくとも、世の中には心配性という人がけっこういます。右の相談者もその一人でしょう。そういう人には一度、試してみていただきたいことがあります。

これは私の仮説（かなり自信のある仮説）ですが、水泳をやってみるといい。私は一五歳くらいまで泳げませんでした。中耳炎がなかなか治らず、水に入れなかったのです。終戦直後、ようやく完治して水に入るようになったのですが、その歳で泳げないのは恥ずかしいので、一人で遠くの川まで練習に行きました。

そして、泳げるようになってみると、水に対する感覚がまったく変わったのを自覚しました。泳げなかった時には、川や海を見ると「危ないな、恐いな」という感情が湧《わ》いたのに、泳げるようになったら「気持ちがよさそうだな、あそこで泳ぎたいな」と思うようになったのです。

この感覚の変化は水に対してだけではありませんでした。それまで、泳げないことで私は同級生たちに何となく引け目を感じていましたが、それがなくなったのです。実に気分のいいものでした。

臆病と水泳が関係しているなんて、あまりに突飛《とっぴ》だと思われるかもしれませんが、身近な人たちをちょっと観察してみてください。

私がこのことを確信したのは三〇歳頃のことでした。他の大学の先生たちとの研究会に出ていたのですが、そこに出席される先生たちには、学問的著述がほとんどありませんでした。私より年齢も学識も上なのにどうしてだろうと思っていると、雑談の折に皆泳げないということが判明しました。

現在では、小中学校にプールがあるので、泳げない人は少なくなりましたが、私たちの世代は子どもの頃にプールがありませんでした。泳ぎは海や川で覚えるしかなかったので、そういう環境で育たなかった人には泳げない人が多かったのです。

私はなるほどと納得しました。泳げないと水が恐い。しかし川でも湖でも海でも、どこにも水があります。泳げないことで臆病な性格になってしまって、それが本業に影響を与えているのです。

研究者にとって学問的発表をするのはけっこう恐いことです。同業の先輩後輩の眼に晒《さら》され、論文に欠陥があれば指摘されますから……。このため、有名大学の准教授くらいになっても、海外はもちろん国内の学会でも発表したことがないという人がゴロゴロいます。

しかし、これも何度かやってみると恐くはなくなります。間違いや欠陥があって、それを指摘された場合でも、「なるほど、そうか。勉強になった」と思えるようになるのです。

学会での発表より、ある意味でもっと厄介《やっかい》なのが通訳です。私は、留学から帰ると通訳を依頼されることが多くありました。原稿がある場合はいいのですが、学術講演などで原稿がなく、しかも専門的な質疑になってしまうとわからない言葉も出てきます。

辞書を引いている時間はありませんから、その場で対処しなければなりません。当然、訳し落とすこともあれば、誤訳することもあります。だから、通訳をするには度胸が要《い》るのですが、当時、私は躊躇《ちゅうちょ》なく引き受けることにしていました。

それで力不足を実感したこともありましたが、得たものは比較にならないくらい大きかったように思います。たとえば、F・A・ハイエク教授（オーストリアの経済学者）が来日した時、ずっと通訳をしたおかげで、先生の中心的思想のエッセンスを直接吸収できました。

こうした体験があるので、私はゼミナールで学生を教えるようになると、泳げない学生には、まず「泳ぎを覚えなさい」と勧めていました。

今、日本中にスイミング・スクールがあり、ダイエットや四十肩の治療のために水泳を始めたという人がたくさんいます。私の知人には、ダイエットのために始めたらどんどん上達し、シニアの大会に出るのが楽しみになったという人がいます。

それまではスポーツの大会に出るような生活ではなかったし、そういう性格でもなかったのですが、泳ぎを覚えて一変しました。想像力がマイナスの方向へばかり働いてしまうという人には、まず人並み以上に泳げるようになることをお勧めします。

15

「未《いま》だ生《せい》を知らず」と考えよう

だんだん歳《とし》をとり、老いて、いずれは死を迎える——これは人間にとって当たり前のことで、この定めからは誰も抜け出せません。世の中はさまざまな不平等で満ちていますが、「皆いずれ死ぬ」という点だけは平等なのです。

ただ、そうわかってはいても、自分の死を考えると「恐い」とか「嫌だ」という感情が湧いてくるのが普通でしょう。

これを何とか克服する方法はないかと考えて、宗教が生まれたという説もあります。すべての宗教は死を考えることから始まったと言われているくらいです。そしてキリスト教もイスラム教も仏教も「死後の世界は存在する」という前提を置くことになります。

こうすると、生前の苦労や人生の不条理はすべて解決します。いや、解決しないまでも、死後の世界に持ち越すことができます。この世では運悪く苦労ばかりしているけれど、その埋め合わせは死後の世界で行なわれる、あの世でちゃんと清算されるのだからと……。

実際、そうとでも考えないと、納得できないのが人生かもしれません。死の時点で人生を清算してみても、甚《はなは》だしい不条理、不公平が残るだけというケースも少なくないでしょうから。

身近な例で恐縮ですが、私の父は昔風の長男として育てられた人で、わがままで家計への責任感が不足していました。しかし、かなり幸福そうで長命でした。いっぽう、母は正直で勤勉でやさしい人でしたが、ほとんど安らかな日を送ることなく世を去りました。

いったい、これはどういうことでしょう。学生時代、私はこの不思議を哲学の教授であるドイツ人の神父に質問してみました。すると教授は次のように答えたのです。

「この世における矛盾、正なる者、義なる者、必ずしも幸福ならざること、このことが死後の世界がなければならないと推測するもっとも有力な根拠の一つだ」

そして、カントかゲーテの言葉を引用され、「この世で正しい者がいかに不幸かを見ただけで、死後の世界があることは確実だ」と言われました。

つまり、この世の不条理に耐え、死の恐怖から逃れる一つの方法は、何らかの宗教に帰依《きえ》し、死後の世界が存在すると確信することです。

哲学教授の答えを聞いて、私はその時、なるほどそうかと思いました。しかし、よくよく考えてみると、これは行った道を帰ってきただけ、壁に投げたボールが真っ直ぐ跳《は》ね返ってきただけのような気がします。

そして、私は「この世において正にして義、しかも幸にして福なることはできないか」とムシのいいことを考え始めました。正にして義で不幸な人がいるのと同時に、正にして義で幸福な人もいる。そういう人生を送るにはどうしたらよいか、と。

すると、ある時、ダーウィンの言葉に出逢いました。

「学問で成功するのは、頭のよしあしよりは、むしろ心的態度の問題である」

言うまでもなく、ダーウィンは進化論を実証してみせた大学者、学問での成功者です。しかし、大学を出るまでは、父親をして「妹のほうが男の子であれば」と嘆《なげ》かせたというぐらいの鈍才でした。その人が「大切なのは頭の出来ではなく、心的態度である」と言っているのです。私はダーウィンの言葉の「学問」を「人生」あるいは「仕事」と置き換えればいいのではないかと思いました。

「人生（仕事）で成功するのは、頭のよしあしよりは、むしろ心的態度の問題である」

この場合の「心的態度」とは「真面目であれ」とか「正直であれ」とか「意志強くあれ」とか「勤勉であれ」といった道徳的教えとは範疇《はんちゅう》を異にするものです。では、どういう心的態度であれば成功し、幸福に人生を終われるか

——その解答として、私が出逢ったのがマーフィーでした。

詳しくは『マーフィー100の成功法則』を参照していただきたいのですが、死の恐怖、不安から解放されるもっともよい方法は「幸福な晩年をイメージすること」です。もう少し具体的に言えば「九五歳まで幸福に生きると考えること」です。

一五歳の少年は、普通は「死」を考えません。この先、何をしたいか、どんな職業に就《つ》こうか、どんな大人になろうか、そういうことで頭がいっぱいで楽しくて仕方がないはずです。

その時、少年は何年後を想定しているのでしょうか。五〇年先なら六五歳の自分ということになりますが、そこまでは見ていないでしょう。せいぜい三十代か四十代です。

すると、一五歳の少年はだいたい二〇〜三〇年後をイメージして、いろいろと夢を見、胸を膨《ふく》らませているのです。

繰り返しますが、九五歳まで生きるなら、今六〇歳の人にはあと三五年あります。一五歳の少年はこれからかなりの時間を勉強に割《さ》かなくてはなりませんが、六〇歳の人はすでにそれを済ませ、多くの経験も積んできたはずです。一五歳の心的態度になったら、たいていのことはできるのではないでしょうか。

弟子の子路《しろ》に死について問われた孔子《こうし》は「未だ生を知らず、焉《いずく》んぞ死を知らん（生もわからないのに、どうして死がわかろう、の意）」（『論語』先進第十一）と答えました。この時、孔子は六十代だったと推定されています。

16　本当の自分とは何か

加齢と共に人間の身体は老化していきます。一二〇歳くらいまでは成長と言うのでしょうが、それ以降は老化の一途を辿ります。五十代六十代ともなれば、頭髪が薄くなったり白くなったりし、皮膚も弛《たる》んできます。

普通に暮らしていれば心肺機能や筋力も衰え、ある日、かつての自分ではなくなっているのを知って愕然《がくぜん》とする――ということになります。

そのスピードをできるだけ緩《ゆる》やかにし、九五歳まで身体を保たせるにはどうしたらよいか。これについては後半でノウハウを述べたいと思いますが、まず老化に伴う身体の変調――多くの場合、疾病《しっぺい》や体調不良――にどう対処するかを述べておきたいと思います。

体調が悪ければ医者に行けばいいし、手当の方法がわかっているなら自分で治療すればいいのですが、問題は身体の不具合や痛みによって、精神までが冒《おか》されかねないことです。

たとえば、膝に痛みが出て満足に歩けなくなったとしましょう。歳をとると日に日によくなっていくというわけにもいきません。痛みと、思うように動けないもどかしさでイライラし、怒りっぽくなってしまう。

人間、誰しも体調が悪ければ不機嫌になりますが、それが慢性化してしまうと、身体だけでなく精神まで病んでしまいます。面《めん》と向かっては誰も指摘してくれませんが、近寄りたくない不機嫌な老人になっていくのです。

身体は医者に任せるとしても、不機嫌な老人にならないための精神的手当は自分でしなければなりません。

この時、役立つのが古代ギリシャのストア派の哲学です。哲学というと難しそうですが、ストア派のそれは、外界に左右されずに自分の心の平安を保つための心術です。なかでもエピクテトスの哲学はきわめて簡潔で実践的な有用さを備えています。

スイスの法学者であり哲人であったカール・ヒルティは、名著『幸福論』にエピクテトスの訳を入れました。深遠なキリスト教よりも幸福論としてすぐれていると考えたからでした。エピクテトスの言葉をそこから少し紹介してみましょう。

「病気はあなたの肉体の故障であって、意志の故障ではない。その病気があなたの意志によって呼び寄せられたものならば別だけれども。足が不自由な人は、足が悪いのであって、その人の意志に故障があるのではない。何事かがあなたに起こるたびに、必ずこのように考えよう。そうすれば、どんなことでもけっして、あなたに障害を与えないだろう」

足が不自由な人の例を挙げていますが、エピクテトス自身も足が不自由でした。身分の低い家（母親が奴隷階級だったと言われる）に生まれた彼は幼少にして奴隷となり、しばしば肉体的虐待を受けていたのです。のちに解放されましたが、乱暴な主人（ネロ皇帝の護衛者エバプロディトス）のために、エピクテトスの片足は一生不具にされました。

奴隷という境遇にあって、エピクテトスは「自分とは何か」を考えます。彼の肉体は主人のものであって、彼のものではありません。手も足も主人のものであって、彼のものではありませんでした。それらがエピクテトス自身であるはずがありません。

手を切り落とされようと、足を折られようと、エピクテトス自身は別のところにあるのです。別のところにある自分自身とは何か——。

エピクテトスは「自分とは何か」という問いの答えは「意志」であるという結論に至ります。あくまでも自分の自由になるもの、それは意志である、それ以外は自由にならない、故に意志こそが自分自身であると——。

そう考えると、病気や身体の不具合は自分自身のことではありません。それを自分の意志によって呼び寄せてしまったのではない限り、病気になったのは肉体であって、自分そのものではないのです。すると「ああ、膝が痛いな。故障してるんだな」で終わり。それ以上、心を悩ませたり、イライラする必要はなくなります。

囲碁の世界に藤沢秀行《ふじさわひでゆき》さんという大棋士がいらっしゃいました（二〇〇九年、八三歳で死去）。藤沢氏は五十代で胃癌《がん》を、その後リンパ癌を患《わずら》いました。どちらの時も「落ち着いて碁の勉強ができるからありがたい」と病室で碁石を並べていたそうです。

米長邦雄《よねながくにお》氏（日本将棋連盟会長）との対談（『戦いはこれからだ』祥伝社黄金文庫）で、その闘病生活について問われ、次のように答えています。

「（癌とは）何も闘ってないいんだよ。そもそも落ち込んでいないんだ。恐ろしくも何ともないですよ、二回とも。だって仕方ないじゃないですか、それでもって死ぬなら死ぬでね。ジタバタしたって始まらない。それこそ屁でもない」

「癌のことにはいささかも気を配らなかったし、癌とは闘っていないんだ。そんなもの、相手にもしていない」

藤沢氏にとって、碁を打つのが自分であって、闘病生活をするのは本当の自分ではなかったのです。だから酒も煙草もやめなかった。リンパ癌の時は、切除するとと首が据《す》わらなくなり、碁を打つのに差《さ》し支《つか》えるという理由で手術をしなかったそうです。

ちなみに、藤沢氏はリンパ癌のあともタイトルを獲得しました。

17　自分の自由にならないことは諦《あきら》めよう

自分とは自分の意志（心）である、それ以外は自分ではない——そう考えると、生きていくうえでのさまざまな煩《わずら》わしさから解放されます。

前に述べたように、学生の頃、私はひどくみすぼらしい格好をしていました。しかし、それを恥ずかしいと思ったことはありませんでした。「こんな御時世（終戦直後）に金があって、立派な服を着ているのは闇屋でもやっているからに違いない。まともな人間はきれいな服を着られるわけがないじゃないか」と考えていたからです。

エピクテトス流に言えば、ボロなのは衣服であって、私自身ではないから、ちっとも気にならないということです。

もちろん、これは終戦直後の学生時代の話で、今、私がボロを着ていたらおかしい。まともな服を買うお金があるのに、わざわざボロを着るというのは、私の意志でそうしていることになるからです。

何か事が起きた時、それは自分の自由になる範囲内か、それとも範囲外か――まずそれを判別する習慣を付けると不安やイライラがなくなります。範囲外のことは諦め、自由になる範囲で一生懸命やればいいのですから。

このことを現代の事例を挙げて説いたのがウエイン・ダイアーという米国の精神科医で、その著書（邦訳『自分の時代』三笠書房）が三〇年ほど前にベストセラーになりました。たまたま翻訳を依頼された私は序文にエピクテトスを引いて解説したのですが、ちょうどその翻訳をしていた時、こんなことが起こりました。

私はその前年に一年ほどイギリスに行っていました。出発したのが八月三日で、帰国したのが翌年の七月末。丸一年には三日ほど足らなかったものの、ほぼ一年イギリスにいました。

帰国すると、練馬区の税務署が「地方税を払うように」と言ってきました。地方税はその年の一月一日にどこにいたかで決まります。ちょっとした正月休みの旅行ではなく、ほぼ一年滞在し、一月一日もイギリスにいた私は支払わなくていいはずだと思いました。それを区役所の税務係に言ったのですが、わかってもらえません。

なぜこんな明快なことをわかってもらえないのか不思議でしたが、ダイアーの本を訳している時でしたから、「ダメだと言っている税務係に腹を立てても始まらない。他に私にできることはないか」と考えました。

そして、税務係の上役である課長に会って話をすることにしたのです。ところが、この課長も「ダメです」という回答。

「それじゃ、『三日足りなくても、ほぼ一年と見なしてよい』と言える人は誰ですか?」

そう聞いてみると「都庁の都政指導部です」と教えてくれました。

「行きますから、都政指導部が認めたら支払わなくていいと書いて署名してください」

その書き付けを懐《ふところ》に都庁の都政指導部へ行くと、そこの部長さんは最初は「ダメです」とけんもほろろでした。しかし、書き付けを差し出すと、その部長は文字通り椅子からとび上がりました。そして近くで仕事をしていた若い職員に「こういう場合どうだったかな」とたずねました。その若い職員は即座にこう答えたのです。「そういう場合は地方税は払わなくても差し支えないという前例があります」

「それでは、今、ここから区役所の税務課に電話をしてください」

そう言って、私はその場で練馬区の税務課に電話してもらいました。

これでようやく一件落着したのですが、もし、あの時、ダイアーの本の翻訳をしていなかったら、私はずいぶんイライラしただろうと思います。挙げ句に税務課の窓口で大声を出していたかもしれません。

しかし、大声を出したところで、税務係の判断は「私の自由になる範囲」ではありません。そこで「自分にできることは何か」と考え、交渉相手を替えるという方法を採ったのです。

一つの事柄にはたいてい何人もの人が関わっています。自分がその当事者の一人であっても、なかなか思うようにならないのが普通です。

そんな時「自分の自由になる範囲はどこまでか」と考えてみてください。他人の自由の範囲に入り込むとイライラしたり怒ったりということになります。

エピクテトスはこんなことも言っています。

「あなたを虐待するものは、あなたを罵《ののし》ったり殴ったりする人ではなくて、そういうことをされるのが屈辱だと考える、そのあなたの考えなのだ」

奴隷でありながら毅然《きぜん》と生きようとした哲学者・エピクテトスの真骨頂《しんこつちょう》です。自分の心だけは自分の自由なのだから、どんな目に遭《あ》っても、心の有り様《ありよう》次第で毅然としていられるではないかと——。

その意味で、ヒルティの『幸福論』は学生時代から私の座右の書でした。逆境の時でも比較的明るく生きてこられたのはそのおかげが大きいと思います。

このヒルティの本をドイツ語の教科書として使って教えてくださった増田和《ますだかず》

宣《のぶ》先生には今も感謝しております。ヒルティの『幸福論』についての解説を書いたのも（『ヒルティに学ぶ心術』致知出版社）、この哲人の教えをもっと広く知ってもらいたいと思ったからです。

18　将来のことを考えなくなったら要注意

誰にも「われ老いたり」と感じる時が訪れます。スポーツ関係の人は普通より早く、体力的な衰えで、それを明確に実感するでしょう。

スポーツをしていない人でも五十代六十代ともなれば、かつてのようには身体が動かなくなったり、物忘れが多くなったりして「自分もトシだな」と感じるようになります。

しかし、物忘れや人の名前が出てこなくなるのはたいしたことではありません。若い時にだって「忘れること」や「覚えられないこと」は多々ありました。若い時に習ったこと、覚えようとしたことをちゃんと記憶できたら大秀才で、受験勉強に苦労することはなかったはずです。

したがって、私は「忘れる」ことを老化の兆候としてはあまり重視していません。関心の薄いことは忘れても覚えなくてもよいのです。私は数十年間勤めた大学の自分の研究室の電話番号を覚えないで退職しました。考えてみれば、自分の研究室に自分が電話することはほとんどなかったわけです。人の名前もよく忘れますが、第一、覚えようとしないからですね。

私が「われ老いたり」と痛感したのは次のような体験をした時でした。勤めていた大学にはサバティカルという制度がありました。六年勤めると一年ほど有給休暇をもらえる制度で、一週間に一回の休息日（ユダヤ教では土曜日、キリスト教では日曜日、イスラム教では金曜日）を「サバス」と言うことから出た言い方です。

私が最初にその制度の恩恵を得たのは一九七〇年代の終わり頃、五〇歳になるちょっと前でした。この時、私は「この一年をどう過ごそうか」と考え、スペインに行ってラテン語の勉強をし、古典でないラテン語をも自由に読めるようになろうと決心しました。

「古典でないラテン語」とは、注釈や翻訳のないラテン語の文献という意味です。漢文でもシナの古典と言われるものには注釈や解説があるので、読むのにあまり苦労しません。しかし江戸時代の漢学者の書いた日記などの私的な記録になると、注釈のあるほうが稀《まれ》で、そうしたものは読むのに苦労します。同じことがギリシャやラテンの文献についても言えます。古典的なものならたいてい英語訳やドイツ語訳があるので、それを頼りに読める。ところが、近世の学者がラテン語で書いたものは注釈があるのはむしろ稀です。

それを自由に読むことの重要さがわかってきたので、ラテン語の国であるスペインかポルトガルに行って、ラテン語漬けの生活をしてみたらよいのではないかと考えたのです。

すると、当時の余暇開発センター（佐橋滋《さはししげる》理事長）の松田義幸《まつだよしゆき》氏（現・尚美学園大学学長・理事長）から「北のアテネと言われるエディンバラに行ってくれませんか」という提案をいただきました。その頃、『英語学史』（大修館書店）を執筆中だった私は、ちょうど一八世紀のスコットランドの学者を扱っていたので、この提案を受けることにしました。

当初の決心とはズレましたが、一年のサバティカルをどう過ごすべきか、自分なりによく考えた結果でした。そして、その成果は十分有意義なものでした。

それから一〇年以上も経ってから、二度目のサバティカル年がやってきました。七年後でなかったのは学科長とか大学院の研究主任などをして、その任期と重なったからです。

その頃、私は大学の授業の他に執筆や講演の機会も多かったので、サバティカルと言っても、長い間外国に行くプランは立てませんでした。予定と言えば、六月頃に中学以来の友人たちと郷里を訪ねる旅行をするくらいです。

私は大学入学と同時に東京へ出て、正月や夏休みには郷里に帰っていましたが、初夏の頃には帰省していませんでした。緑豊かな庄内の初夏は素晴らしいし、山にはさくらんぼや山菜、庄内浜には小鯛《こだい》などの産物があります。四〇年ぶりに郷里の初夏を味わい、私は幸福な気分でした。

そして秋になり、十月から学校が始まりました（この時のサバティカルは二月から九月の八カ月間でした）。秋風が立ち始めた頃、私は慄然《りつぜん》としました。一〇年ぐらい前の自分は、サバティカルの前に「ラテン語を徹底的にやろう」と決心し、行き先がエディンバラに変わったけれども、大著の執筆のために過ごそうと、はっきり目的を持っていました。それが、一〇年経った同じサバティカル年には、初夏の帰省以外に、これと言って計画もなく、日々の仕事をこなすだけで終わっていたのです。「何という違いだ！」と慄然としました。

私は大学では「若いくせに生意気だ」と言われ続けた期間が長かった（と私には思えた）ので、六〇近くになっても、自分では若い気でいました。ところが、いつのまにか、未来に対する志が消えていたのです。

著作の計画や予定はありますが、それはもはや日常生活になっています。一〇年前のように、何かを新しくマスターしようという気概がなくなったのが「老い」なのであろうと思いました。

志や、何かをしようという意志が希薄になり、漫然と時を過ごすようになってはいけない。それは体力の衰えや物忘れより、ずっと怖ろしいことです。

一〇年後、二〇年後、三〇年後を視野に入れているか。そのために何かをしようという意志があるか。私は六〇歳少し前に、それがなくなっていることに気付いて愕然としたのです。

19　高齢でも記憶力は強化できる

「老い」を実感し、何か新しい挑戦をしなければ、と思った私は、ラテン語の暗記に取り組むことにしました。

初心に戻るというわけでもありませんが、一〇年前の決心が未遂のままだったので、ラテン語に挑戦しようと決めたのです。

ラテン語は学生の頃から少しずつ勉強してはいましたが、英語やドイツ語や漢文のようには読めません。しかし、職業柄、語学の勉強ならやり方は心得ています。一にも二にも例文の暗記。ラテン語ではまだやったことがないので、これをやる——。

まず手を着けたのは研究社の『新英和大辞典』の巻末です。ここには、英語に混じって出てくる非英語の有名な文句が収録されており、その大部分がラテン語です。分量は七～八ページで、二五〇句くらいありました。

これをコピーして持ち歩き、電車やタクシーの中で取り組んでみると、二カ月もかからずに覚えられました。次いでベーコンの随筆集に出てくるラテン語の短文。これは多少長いものもあるが、数が少ないのでまもなく暗記し終えました。

もう少し量のあるものを、ということで取りかかったのが武市春男《たけちはるお》著『イギリスの法律格言』（国元書房）。イギリスにはラテン語で述べられた法律格言が多くありますが、それを三一六ページに収録した本です。英訳と日本語訳がついているので、ラテン語だけだと約一〇〇ページくらい。長さといい内容といい、私の目的にぴったりでした。

暗記のための時間は電車やタクシーの中だけですから、第一回目は三年近くかかりました。二度目はその半分ぐらいの時間でした。

二度、暗記してみると、効果はすぐに本職のほうに現われました。当時、私はグナイスト（伊藤博文が憲法調査に渡欧した時に指導を受けたベルリン大学の教授）の『イギリス憲政史』を読んでいたのですが、その注に引用されているラテン語の法律文などがよくわかったのです。

英訳されていないラテン語、古典文学でないラテン語を読みたいという私の目的はある程度達せられました。

それで次の目標を『ギリシア・ラテン引用語辞典』（岩波書店）のラテン語の部を暗記することに定めました。ラテン語の部は実に八五〇ページありま す。日本語の一般的な書籍は二〇〇ページから三〇〇ページくらいですから、約三冊分。そんな量のラテン語をただ読むのではなく、暗記しようというわけです。

正直なところ「生きているうちに終わるだろうか」という気もしました。そこで、大学への通勤をタクシーにしました。

練馬の自宅から四谷の大学まで約一時間、タクシー代は片道約六〇〇〇円です。出校するのは週二日だから週一万二〇〇〇円、月額にすると五万円前後になります（下校は、会議や座談会で不規則なのでラテン語はやらなくてもよいことにした）。

これは馬鹿にならない出費です。しかし、私の教えている学生でも塾や家庭教師をやれば一回一万円以上はもらうらしい。私がラテン語の家庭教師を雇えば一回一万円以上払うことになるでしょう。タクシーの運転手を家庭教師と見《み》做《な》して、乗っている間、必死に暗記すればよいではないかと自分に言い聞かせました。

一〇分間約一〇〇〇円、タクシーの中でぼんやりしている閑《ひま》はありません。死なないうちに終えたいと思い、せっせと暗記しました。しかし、八五〇ページは厚い。六十代半ばだった私は「定年前に終わるかな」と不安になることもありました。

そんな時、私の人生観、否《いな》、人間観を変えるようなことが起こったのです。ある日、書棚を整理していたら、漢詩の朗詠《ろうえい》用テキストに用いた小型の本が数冊出てきました。三十代の頃、私は詩吟《しぎん》を習っていて、和歌や漢詩を暗記して朗詠していたのです。

漢詩の場合、暗記したのは七言絶句《しちごんぜっく》（四行）で、律詩《りっし》（八行）は初めから暗記するのをあきらめていました。これは私だけでなく、朗詠の会でも律詩を暗記して朗詠した人は見たことがありませんでした。要するに律詩の暗記はできるものでないという思い込みがあったのです。

「こんなことをやっていた時期もあったなァ」とパラパラめくると、菅原道真《すがわらのみちざね》の「秋思《しゅうし》」という七言律詩が目に留《と》まりました。この朗詠もやったことがあったようで、譜点《ふてん》の書き込みがあります。

書棚の整理を済ませて机に戻り、ふと気が付くと、あの「秋思」が何となく頭に残っているような気がします。書いてみると八行全部書けました。原文と対照すると、漢字の違いが少しあったものの、ほぼ全部書けていたのです。

三十代の私は、この律詩を熱心に朗詠したけれど、暗記していなかったし、できるとも思っていませんでした。それが六十代半ばになって、パラパラとめくって数分眺めただけでほぼ完全に書ける。いったい、これはどうしたことか……。

「これはラテン語の暗記を続けているうちに、ラテン語の力が多少ついた(それは当たり前の話)他に、記憶力そのものが強くなったのではないか」

そう思って、昔学校で習ったけれども、暗記することなど思いも及ばなかった律詩をいくつか試してみました。すると「秋思」と同じように容易に暗記できるのです。「こんなことが中学生の頃にできたら天才と言われたろうな」と一人で苦笑しました。

暗記は脳がかなりの酸素を使うような気がします。ラテン語の暗記を始めた頃、タクシーの中でしきりに欠伸《あくび》が出ました。ところが、今、何かの暗記に取り組んでも、ほとんど出なくなりました。これは、暗記によって脳細胞が鍛えられた、あるいは脳細胞の酸素保持量が増えたからではないかと思います。

いずれにせよ、私は「記憶力は筋力と同じで、鍛えれば強くなる」ことを体験しました。しかも六十代半ばでも、です。

20 人生は、たくさん覚えているほど豊かになる

戦後教育の大きな間違いの一つは暗記を軽視したことでした。「独創性」とか「個性」といった耳障《みみざわ》りのいいキャッチ・フレーズに惑《まど》わされて、暗記することの重要性を忘れてしまったのです。

「独創性」や「個性」は蓄積された記憶から生まれるもので、記憶の絶対量が少ないと何も生まれてきません。数学者として世界的に有名だった文化勲章受章者の岡潔《おかきよし》先生は「とにかく十代の頃は反吐《へど》が出るほど暗記したほうがいい」とおっしゃっていました。

なぜ、記憶は多いほうがいいかと言えば、それによって「ものの感じ方」が変わってくるからです。

たとえば、目の前に満開の桜を見たとしましょう。日本人も外国人も、たいていの人はきれいだと感じます。ここまでは同じかもしれません。

ところが、日本人の多くは「久方《ひさかた》の　光のどけき　春の日に　しづ心なく花の散るらむ」（紀友則《きのとものり》）という和歌を知っています。すると、その和歌を知らずに見る外国人とでは、同じ桜でも感じ方が違ってくるはずです。

さらに――。

花の色は　うつりにけりな　いたづらに
　わが身よにふる　ながめせしまに（小野小町《おののこまち》）

人はいさ　心も知らず　ふるさとは
　花ぞ昔の　香に匂ひける（紀貫之《きのつらゆき》）

もろともに　あはれと思へ　山桜
　花よりほかに　知る人もなし（行尊《ぎょうそん》）

願はくは　花の下にて　春死なむ
　その如月《きさらぎ》の　望月《もちづき》のころ（西行《さいぎょう》）

吹く風を　勿来《なこそ》の関と　おもへども
道もせに散る　山桜かな　（源　義家《みなもとのよしいえ》）

こういった和歌が次々に出てきたらどうでしょうか。和歌だけではなく、俳句や漢詩、童謡にも桜を詠《うた》ったものがたくさんあります。それらを思い浮かべながら見たほうが、桜は絶対に美しいし、花見は楽しくなるはずです。

あるいは、草の生い茂った秋の庭を見て「あっ、草刈機で切らなきゃならんな」と思う人もいれば、「我が屋戸《やど》の　いささ群竹《むらたけ》　ふく風の　音のかそけきこの夕べかも」という大伴家持《おおとものやかもち》の歌を思い出す人もいるのです。

情緒や感性というものは、何らかの記憶がないと生まれてきません。ユダヤ人は総体として知的水準が高いですが、その原因は子どもの頃にタルムード（ユダヤ教の口伝《くでん》の集大成）を徹底的に暗唱させられるからだと言われています。ものを覚えること、暗記することは非常に重要なのです。

暗記しているということは、そのことを意識しないでいる時でも、微妙に脳細胞に働きかけ続けているのではないか、と私は思っています。数学者でも、定理の多くを容易に暗記し、直観の一部ぐらいになっていなければ、独創的な研究には入れないと聞いています。

「子どもの時、お経を暗記させられたことがのちの知力と関係があったのではないか」という主旨のことを瀬島龍三《せじまりゅうぞう》氏（二〇〇七年、九五歳で死去）に聞いた記憶があります。

現代ヨーロッパ人の知力が、つまりゲルマン人と言われた系統の諸民族の知力が最初に開花した感じがするのは、ラテン文法を暗記することから始まった中世の学校制度のおかげとも思えますし、次いで宗教改革で『聖書』を庶民も読み、それを暗記する習慣が普及したことが、近世ヨーロッパの誕生と脳内的に関係あったと考えてもよいのではないでしょうか。

子どもの知力を伸ばしたいならば、何か暗記させせよ。「般若心経《はんにゃしんぎょう》」でも、「百人一首」でも「寿限無《じゅげむ》」でも。初老以降の人間が知力を維持したいと思うなら、何か暗記せよ。英語の諺《ことわざ》でも、漢文の名文句でも、唱歌や流行歌の歌詞でも――と言いたい。

21　記憶こそが人生そのもの

記憶とは何なのだろうとよくよく考えると、その人のアイデンティティそのものであるという結論に至ります。

私のもっとも古い記憶の一つは、三輪車に乗って家の前の小川に落ちたことです。近所のおじさんが見つけ、裸足《はだし》で家から飛び出して助けてくれたらしいのですが、それは後日、両親から聞いたこと。私自身の記憶に残っているのは小川に落ちる時に「ハッ」と思ったこと、そして家から飛び出してきたおじさんの姿です。

おそらく三歳か四歳頃だったはずですが、その時の私の身体の細胞で残っているのは脳細胞の一部くらいでしょう。

人体を形成している約六〇兆の細胞は絶えず変化しています。新たな細胞が生まれ、老朽化したものと交替しているのです。消化器の粘膜などは二、三日で替わっているそうです。髪の毛や爪のことを考えればわかりやすいでしょうが、こうしたことが日々、全身で起こっているわけです。

最近まで「脳細胞は例外で、新しいものはできない。誕生後は減り続けるだけ」と言われてきましたが、最新の研究では、どうもそうではないらしいことがわかってきたようです。

いずれにせよ、私たちの身体の細胞は川の水のように日々、入れ替わっているのです。「ゆく河の流れは絶えずして、しかも、もとの水にあらず。淀《よど》みに浮かぶうたかたは、かつ消え、かつ結びて、久しくとどまりたる例《ためし》なし」と鴨《かも》長明《ちょうめい》は『方丈記』の冒頭に書きましたが、同じようなことが私たちの身体でも起きているわけです。

賀茂《かも》川の水は日々流れて元の水でないが、賀茂川は賀茂川のままです。人間の身体を作っている細胞も、流れる水のように元の細胞ではありません。しかし、そういう細胞の流れが作っている川みたいなもの、それが記憶として存在し続けるわけです。細胞は交替していくけれど、その人の記憶は残るのです。

幼少時の私と今の私が同一の人間であることを証明する、あるいは主張するものは、私の記憶だけです。私を助けてくれたおじさんも、おじさんにお礼を言った私の両親も他界していますから、今の私を当時の私と同じ渡部昇一という存在だと言えるのは、その時の私の記憶と、それについて両親が語ってくれたのを聞いた記憶だけです。

つまり、それから七十数年、あの時の私を私だと認識させてくれるものは、私の記憶しかないのです。

そう思うと、記憶こそが、自分自身というものであり、今の自分の行動を規定しているもっとも大きな要因だと気付いてハッとします。たとえば、私の妻と他の女性を画然《かくぜん》と区別するのは、この五一年間、二人の記憶が共通していることです。同じ事柄に対する二人の見方や印象や解釈が異なることはおおいにあっても、二人に起こった毎日毎日の小事件については記憶を共有しているのです。

夫婦というものが特別な関係なのはセックスだけではありません。老夫婦ともなればセックスに関係なくても、数十年の記憶を共有しているのです。

私の遺産をどうするかと考えた時、その対象は妻子になります。そして、それは、私と共有した記憶の量によって決まっていることに気付きます。おそらく私は全財産を妻に残すべく、子どもたちに遺留分の放棄を求めるでしょう。

これは、私と共有する記憶の量がずば抜けて多いのが妻だからです。もし妻が私より先に死んだら、私は子どもたち三人がほぼ均等に遺産を分けるようにという遺言状を書くと思います。

こう考えて自分でもおかしくなるのは、実際に私の役に立ってくれている人たちを相続の対象としていないことです。もっとも役に立ってくれているのは秘書の女性であり、家事をやってくれるおばさんです。私の子どもたちは、皆三十代後半から四十代になっていますが、彼らが私の役に立ったことはほとんどないと言ってよいでしょう。

しかし、相続の対象としては、妻の次には、役に立ったことがないと言ってもよい子どもたちだと考えているのです。

なぜ、そうなるかと言えば、子どもたちが幼かった頃や、まだ同じ屋根の下に住んでいた頃の記憶が鮮明に残っているからなのです。

秘書さんたちは、長い人でも数年の勤務であり、事務的な仕事が中心だから、生活における共通の記憶の量がまことに少ない。これに対し、子どもたちと共有する記憶は鮮烈で、かつ膨大です。

これは、単に可愛かったというだけではなく、そのうえに「共に生きた」という記憶が強いのです。たとえば、外国生活中に子どものことで民事裁判となり、六カ月間イギリスの法廷で闘ったことがあります。こうなると子どもたちは戦友でもあったわけです。

突き詰めて言えば、人生とは記憶です。

もしすべての記憶が失われたら、肉体はその人であっても、人格はその人ではなくなります。

晩年を生きるにあたって、もっとも大切なことは記憶力を鍛え、多くの記憶を持ち続けることではないでしょうか。

22 記憶維持には、脳を使い続けるしかない

加齢と共に、ちょっとしたことで昔を思い出すことが多くなりました。先日も、ある本を読んでいたら「倉猝《そうそつ》」という言葉が出てきて、漢和辞典を引くことになったのですが、「倉」という字に無闇《むやみ》に懐かしさを覚えました。

それが私の父の名の一部だからですが、手にした漢和辞典には達筆な毛筆で私の名前が記されています。戦後まもない昭和二十一年、まだろくな新刊書が出ていない時に古本屋で見つけて買ってもらったものです。字が上手だった父は、その漢和辞典に私の名を墨書《ぼくしょ》してくれたのでした。

しばらく読書が中断しました。父は明治生まれの東北の男で、今の時代の父親のように子どもを抱いて可愛がるようなことはしませんでした。しかし、い

くつかの父の行動が純粋に愛情の発露だったことは、七〇年以上も経《た》った今でも痛いほどよくわかります。

何度か書いたことですが、子どもの頃、私は本をツケで買うことを許されていました。近所の書店に「この子が買うと言う本は帳面に付けて、何でも渡してくれ」と父が話をしてくれたのです。

私は、読みたい本があるとその書店から自由に買えました。もちろん、自分の家が豊かでないことは承知していましたから、無闇に、ではありません。しかし「欲しい本を自由に買ってよいこと」は少年の私にとって大きな誇りでした。

そういうことをしてくれた父に、好きな酒をもっとふんだんに飲ませてやりたかった、刺身もうんと食べさせてやりたかった――。後悔にも似た口惜《くや》しいような気持ちが湧き上がってきて、しばし瞑目《めいもく》して祈りを捧げました。

記憶の働きというのは本当に不思議です。「人は二度死ぬ」と言います。一度目は息を引き取った時、二度目はその人のことを記憶する者がいなくなった時だ、と——。

してみると、私が記憶している限り、父も母も二度目の死は迎えていないことになります。私の記憶の中で二人はちゃんと生きているのです。

人間にとって記憶ほど大切なものはないのですが、老人の中には記憶をどんどん失ってしまう人がいます。アルツハイマー型老年痴呆《ちほう》、いわゆる「ボケ」という現象です。

ひどくなると、昔の記憶だけでなく、今、目の前にいる配偶者の顔も、可愛がって育てた子どもの顔もわからなくなってしまいます。

細胞という水を流していた川に相当する記憶が失われる。川がなくなって、行き場を失った水だけが淀《よど》んでいるようなものです。

これは長寿者に起こり得るもっとも大きな悲劇でしょう。「ボケてしまえば何もわからないから本人は幸せ」と言う人もいますが、記憶を失った自分は自分ではありません。自分でなくなった自分の肉体が、生きて徘徊《はいかい》する姿を想像して、怖ろしくない人はいないでしょう。それに家族も大変です。

赤痢菌の新種を発見し、日本伝染病学会（現・日本感染症学会）を設立した二木謙三《ふたきけんぞう》博士は独自の健康法を開発、実践し、九三歳の天寿を全《まっと》うされましたが、亡くなる前に主な弟子たちに電報を打ったそうです（当時、市外電話はなかなか通じなかった）。弟子たちが枕元《まくらもと》に集まると、「それじゃ、君たち、最後の息をするから。さようなら」と別れの挨拶をして静かに逝去されたといいます。

文豪・幸田露伴《こうだろはん》は昭和二十二年に八〇歳目前で亡くなりましたが、死の直前、娘の文《あや》さんに「じゃ、ゆくよ」と言って息を引き取られたそうです。

こういう偉人の真似はなかなかできないでしょうが、最後の病床で看病してくれた配偶者、子ども、孫などの顔ぐらいはきちんと認識したいものです。死の直前に昏睡状態に陥るのは仕方がないとしても、それまではボケたくありません。

二〇〇六年、『タイム』（一月二十三日号）が「いかにあなたの精神をシャープにするか」という二十数ページの特集を組んでいました。この問題に関する有名な医学者たちの研究や体験を紹介していたのですが、新しい発見と言えるようなものはほとんどありませんでした。

たとえば総合医学の基礎を築いたとされるアンドリュー・ヴァイル教授は、脳によい食物として魚（オメガ3系脂肪酸＝DHA）を薦《すす》めていますが、私たち日本人は昔から魚が身体によいのは知っていて、たくさん食べています。

またインドではアルツハイマー患者がきわめて少ないことに注目し、「カレーに含まれているウコンと、それに含まれているクルクミンが、その理由であるかもしれない」と言っていますが、それはどうでしょう。

アルツハイマーはおおむね高齢者の病気ですが、現在、インド人の平均寿命は六〇歳くらいです。ボケる前に別の病気で亡くなっている人が多いのだと思います。

この他にもジョンズ・ホプキンズ大学の認知神経科学部部長マリリン・アルバート氏の研究なども紹介していますが、そういう最新の研究がボケ予防について到達した結論として書かれていた言葉は、「あなたの脳を使うことが役立つかもしれない。心臓を使うことも役立つかもしれない」でした。
結局、「頭と身体を使い続けなさい」ということなのです。

23　言語のトレーニングを続けよう

人間の記憶は、言語、映像、音、匂い、触感などで構成されますが、その中でもっとも大きなウェイトを占めているのが言語です。犬や猫も家や飼い主を覚えますから、当然、記憶はあるのですが、それは映像、音、匂い、触感などによるものです。言語による記憶は人間特有なのです。

私たちが幼児期のことをほとんど覚えていないのは、その頃まだ言葉を習得していなかったからだと言われています。人間は言葉を習得し、それを使って多くのことを記憶しているので、言葉を習得する以前は犬猫なみにしか記憶できないというのです。

幼児教育の専門家によると、ほとんど言葉を話せない二歳くらいまで、人間の発育は高級な猿類と同じくらい、むしろ遅れ気味だそうです。ところが、言葉を覚えて話すようになると猿とは別次元の発育を示すそうです。北畠親房《きたばたけちかふさ》は「言語は君子の枢機《すうき》なり」（『神皇正統記《じんのうしょうとうき》』）と言いましたが、言語こそが人間を人間たらしめるものなのです。

人間がどのように発生したかについては、いろいろな説がありますが、私の人間起源論の仮説を言わせてもらえば、人類の発生には二つの「クオンタム・リープ（quantum leap）」があったと思います。クオンタム・リープとは、「量子学的飛躍」とでも言いますか、非連続的とも思える、とてつもない飛躍のことです。

その一回目は何かと言うと生命の発生。一般的な説によれば、地球は太陽から飛び出た火の玉で、それがだんだん冷えて水ができ、海水の中でごちゃごちゃしているうちに蛋白質《たんぱくしつ》ができ、生命が生まれたとされています。この生命の誕生が一回目のクオンタム・リープです。

誕生した原始的な生命は、大筋において進化論の説に従って発達したでしょう。そして、ある程度進化した時に（脳の構造がある程度まで行った時に）、ポッと言語が出たのだと思います。

そのポッと出た時が、神様（創造主）が人間と他の生物体を分けた時だと考えています。これが二回目のクオンタム・リープです。

キリスト教の神父でも牧師でも「猿は救われますか」と聞かれると困ります。これにには「救われない」と答えなければならないからで、その理由は、猿にはキリスト教で言う「不滅の霊魂」がないからです。

不滅の霊魂とは人間の霊魂という意味ですが、では、人間の霊魂と高級な動物の霊魂の差は何かと言うと言語です。言語以外に明瞭に区別できるものはありません。

だから、逆に言えば、言語ができたということが、神様ができたということ。あるいは神様が、人間を造った時に言語を持つ霊魂を与えたもうたと言ってもいいでしょう。要するに人間と他の動物を決定的に区別するものは言語のみなのです。

西ヨーロッパでは宗教改革を機に近世的文明が急速に発達しました。これにはいろいろな理由を挙げることができますが、最大の理由は人びとが言語に習熟したということです。

宗教改革以前、バイブルは神父さんが説教に使うもので、普通の人が読むものではありませんでした。ところが、宗教改革が始まって神学論争が起こると、普通の人までバイブルを読み、暗記するようになりました。ここで頭の中がガラリと変わり、それが近世の西洋の勃興へと繫《つな》がると考えられるのです。

それまで、西ヨーロッパ文明は世界の他の文明（イスラム文明、インド文明、シナ文明など）より進んではいませんでした。むしろ遅れていたくらいです。ところが、宗教改革を機に圧倒的な差をつけ、有色人文明の世界を植民地にするに至るのです。

唯一と言っていい例外が我が国でした。宗教改革で西ヨーロッパ人がバイブルを暗記していた頃、日本人は寺子屋で読み書き算盤《そろばん》を習っていたのです。庶民が言語に習熟し、文明は高いレベルに達していました。

このため、嘉永六年（一八五三年）、浦賀に黒船が現われ、攘夷《じょうい》か開国かとなった時、国民レベルでの論争が可能でした。そして、話し合いによって江戸城が無血開城され、明治維新が成功し、白人による植民地化を回避するのです。

記憶と言語を論じて明治維新に至りましたが、ことほどさように、人間にとって記憶と言語は重要です。ボケないために（記憶を失わないために）何が必要かと問われたら、私は「言語のトレーニングを怠らないこと」を第一に挙げます。

定年になって会社に行かなくなると、たいてい、しゃべる量が減ります。日常生活の中で奥さんとの会話はあっても、それはあまり脳を働かせるようなものではないでしょう。すると、どうしてもトレーニング不足になります。

私は、若い時からですが、朝起きると毎日一五分から三〇分、音読をしています。英語が本職なので、英語の本です。ハマトンのものは、彼の小説も含めて音読しました。マコーレイ（一九世紀イギリスの大歴史家）のものは、『英国史』（六〇〇ページくらいの本が四巻）や伝記ものを音読しました。今は、イーアン・カーの『チェスタトン伝』です。声を出さないと目で字面《じづら》を追うだけになりかねないので、必ず音読です。

起き抜けの音読には脳に血液を送り込んで覚醒させる、車で言えばエンジンを暖めるという意味がありますから、あまり難しいものは避けたほうがいいでしょう。自分が楽しんで読める本を毎朝、音読する習慣を付けることをお奨《すす》めします。

お経も声を出さないで読んだのでは、お経をあげたことにならないと聞いたことがあります。浄土宗の高位の坊さんで、一〇〇歳に近くなっても健康で頭脳明晰な方がおられた。この方は毎朝、いくつもの仏像の前で大声で読経《どきょう》して廻られていたそうです。

これは同宗の指導的立場の僧侶であると共に、直木賞作家でもある寺内大吉《てらうちだいきち》氏（二〇〇八年、八六歳で死去）に直接お聞きした話です。

24 舌と指と目が、脳を活性化させる

「ペンフィールドのホマンキュラス」と呼ばれている有名な図（次ページ①②）があります。

ペンフィールドはカナダの神経外科医で、てんかん患者の開頭手術の際、脳を電極で刺激すると鮮明な記憶が甦《よみがえ》ることを発見しました。

そして、人間の大脳皮質を電気刺激し、脳（運動野や体性感覚野）のどの部位が身体のどの部位に対応しているかを調べ、図にしたのです。

図①は、大脳皮質運動野の各部位が司《つかさど》っている身体の部位が、その面積に対応するように描かれています。つまり脳の広い部位によって司られている身体の部位は大きく描かれています。体の形は相当に歪《ゆが》み、奇怪な印象です。図

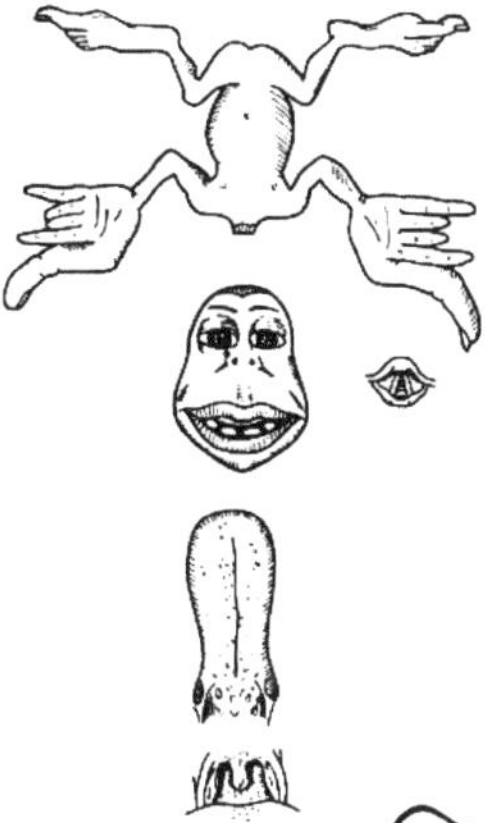

図①(「Penfield and Boldrey, 1937」より改変)

1-足指　2-足首　3-ひざ　4-尻　5-胴　6-肩　7-ひじ　8-手首　9-てのひら　10-小指　11-薬指　12-中指　13-人さし指　14-親指　15-首　16-眉　17-まぶたと目玉　18-顔　19-唇　20-あご　21-舌　22-のみこみ　23-咀嚼　24-唾液分泌　25-発声

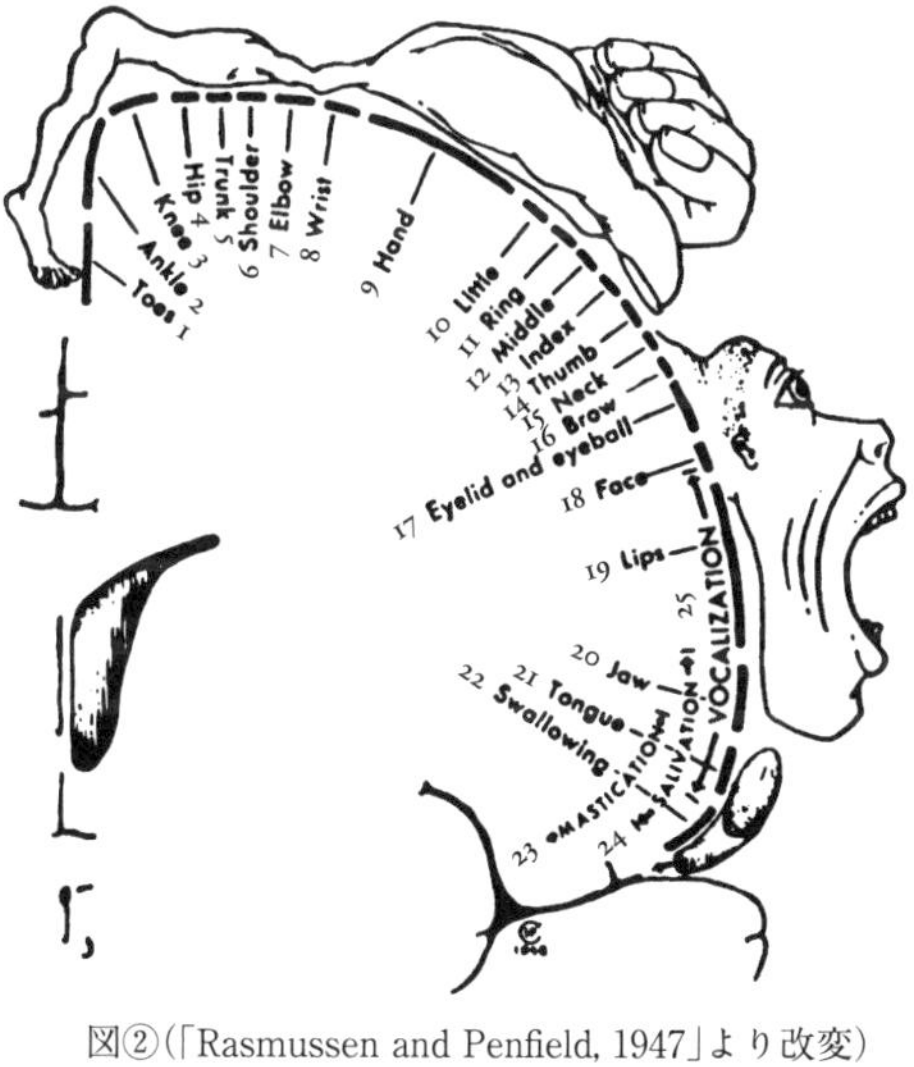

図②(「Rasmussen and Penfield, 1947」より改変)

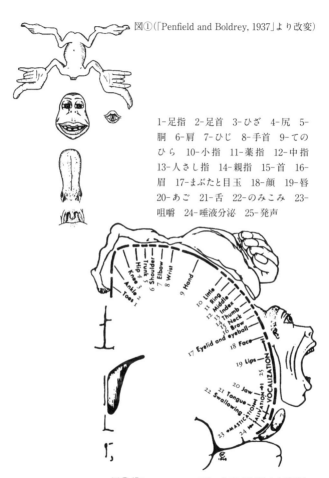

②は、これを脳の中心溝に沿って縦割りの断面図に示したものです。

ホマンキュラス（こびと）とは、この（人のような）図のことで、「脳の中のこびと」と呼ばれたりもします。

ペンフィールドのホマンキュラスを一目《ひとめ》見て気付くのは、手の親指が長く大きく、顔や舌、喉《のど》が異常に大きいことです。これは、それらの部位が、描かれた大きさと同じ比率で脳細胞を「使っている」ということを意味しています。逆に言うと、それらの部位を活動させるには、脳細胞の多くの部分を活動させなければならないということです。

人体の細胞は活動に際し、栄養分（糖分）と酸素を必要としますが、それらは血液によって運ばれます。簡単に言えば、動かした部位は血の巡りがよくなるわけです。同時にその部位を司っている脳の部位にも多くの血液が流れていくことになります。

とすると、脳への血の巡りをよくし、活性化するには、ホマンキュラスで大きく描かれている部分、手の親指、顔、舌、喉を動かすのが効率的だということとになります。その中でも、実物の人体の比率に比べ、特に巨大化しているのは舌と喉です。

これをよく動かしていれば、脳が活性化し、ボケの予防に繋《つな》がるはずだ——というわけで、私は舌のトレーニングをしています。前項に書いた「毎朝の音読」も舌や喉を使いますが、その前に舌の運動をします。

方法はいたって簡単、まず舌を真っ直ぐ前に出す。思い切りアカンベーをする要領です。引っ込めて、また出す。これを五〇回繰り返します。

次に左方向に五〇回。左側の口角に舌を付ける感じです。続いて右に五〇回でおしまい。一、二分で終わります。まあ、音読のための準備体操のようなものです。これは一〇〇歳で高山スキーをやった三浦敬三《みうらけいぞう》さん（三浦雄一郎《ゆういちろう》氏の父君。二〇〇六年、一〇一歳で死去）がやっていたことだと聞いています。

学生の頃、ロビンソンというアメリカ人の英語の先生から「日本人の発音が下手なのは舌が厚いからだ。暇があったら舌を噛《か》むようにしなさい」と指導を受けたことがあります。舌は思い切り前に出すと面積が拡がって薄い状態になります。

舌は噛まなくとも、出せば薄い状態になるわけで、朝起きてすぐ舌のトレーニングをしていると滑舌《かつぜつ》がよくなります。

脳の活性化のためによいこと――暗記をする、言葉を喋《しゃべ》る、舌や喉を動かす――として、英語学が本職の私はラテン語の暗記や英語の音読をしていますが、「同様の効果が期待できて一般の人にも取り組みやすいことは？」と聞かれたらカラオケです。

最近の歌には論理的に思考を追えない、意味不明の歌詞もありますが、長く歌い継がれてきた流行歌や唱歌の歌詞は優れた詩です。明治以後の流行歌、唱歌は近代日本の『万葉集』だと言ってもいいくらい、質の高いものです。

優れた詩ほど暗記しやすいし、メロディ付きなら、なお覚えやすいですから、それらをどんどん暗記して歌いまくるといいでしょう。

唱歌の曲にはドイツ民謡、スコットランド民謡などを使ったものが少なくありません。音楽的にも洗練されていますから、歌えば心が安らいできます。

一二四ページで述べたように、私はラテン語を暗記したら、漢詩の記憶も楽になりました。カラオケの歌詞をどんどん暗記していけば、記憶力自体も強化されるはずです。発声は脳のためにもよいのです。カラオケは戦後の日本が発明した、人類に大きく貢献する文化でしょう。

ボケ防止と共にちょっと教養も付けたいという人には漢詩の暗記、詩吟、四《し》書《しょ》五経《ごきょう》の素読もいいと思います。最近はＣＤ付きのテキストも出ているので、簡単に取り組めると思います。

25 言語は生命に関わるほど重要

言葉というのは、人間の本源的な能力で、これを使うことができない状態が続くと非常に大きなストレスを受けます。それはヘレン・ケラーの例を見れば明らかでしょう。

彼女は生後一九カ月の時、熱病に罹《かか》り、一命は取り留めたものの、聴力と視力を失う。まだ二歳にもなっていない頃でしたから、言語の習得が困難になり、話すことさえできなくなりました。声は出るものの「見えず、聞こえず、話せず」の三重苦です。

両親は、当時、聴覚障害児の教育を研究していたアレクサンダー・グラハム・ベル（電話の発明者）に相談し、ヘレンに家庭教師を付けます。派遣されたのは当時弱冠二〇歳のアン・サリヴァンでした。

言語によるコミュニケーションができないヘレン・ケラーに対し、サリヴァン先生はスキン・シップから始め、根気よく言語を習得させます。そして、その後、約五〇年にわたって、よき教師として、友人としてヘレン・ケラーを支えていきます。

サリヴァン先生によってコミュニケーションの道を開かれるまで、ヘレン・ケラーは「いつも外から抑え付けられるような感じだった」そうで、それを撥《は》ね除《の》けようといつもバタバタし、暴れては疲れて寝たといいます。

狼少年とか、狼に育てられた子どもというのは皆長生きしていません。言語を使うという、人間の本源的な能力を発揮できないために、何かに抑え付けられているような気持ちでジタバタし、悶死《もんし》してしまうのでしょう。

ヘレン・ケラーの伝記を読むと、サリヴァン先生に出逢っていなければ、おそらく彼女も夭折《ようせつ》、しかも悶死したと思います。起きている間じゅう、憤然として騒ぎ、言葉にならない叫び声を上げているわけですから――。

ところが、サリヴァン先生が来て言葉への道を開いたら、抑え付けているものがスーッとなくなったという感じがしたそうです。それは人間のいちばん本来的な能力である言語能力が使えるようになったからでしょう。

ヘレン・ケラーは大学に進むほどの学力を付け、社会活動に参画するに至り、八七歳まで生きました。一八八〇年に生まれたアメリカ人としては非常な長寿と言っていいでしょう。彼女は言語を取得することによって「人間」となり、それを駆使し続けることによって天寿を全《まっと》うしたのです。

ちなみに、日本では彼女の自伝の肩に「奇跡の人」と記されていたり、少女期が「奇跡の人」というタイトルで何度も舞台化されたりしていますが、アメリカで制作された映画のタイトルなどは「The Miracle Worker」です。つまり「奇跡の人」とは「奇跡を起こす人」の意でサリヴァン先生を指していま す。

ヘレン・ケラーが示したように、言語は人間にとって生命に関わるほど重要なものなのですが、言語学者の私から見ると、「言語」という単語がかなりいいかげんに使われているように思います。

ダーウィンは、言語における人間と動物の差を「デファレンス・イン・ディグリー」、つまり「程度」の問題であると言いました。しかし、私は「デファレンス・イン・ネイチャー」、つまり「生来の」本質的な違いだと考えています。

言語学で言う「言語」は少なくとも二つの要素を充《み》たしていないといけません。第一に文節音であって、子音・母音の組み合わせが自由にできていること。第二に、意味と音の結び付きが自由であること。

犬は、悲しい時、キャンキャンと鳴いたり、嬉しい時には尻尾を振ってクゥクゥと鳴いたりしますが、その音と感情（意味）が切り離せません。したがってアメリカの犬も日本の犬も中国の犬も同じようなものです。

しかし、人間の言語は、音と意味の結び付きが自由、恣意《しい》的です。「嬉しい」という感情の表現は、使う者同士が合意していれば「嬉しい」でなく「ハッピー」でも「幸せ」でもいいわけです。このために幾多の言語や方言が存在します。

第三にボキャブラリーが無限だということ。音と意味の結び付きが恣意的でいいのですから、どんどん新しい言葉が生まれます。ボキャブラリーは無限に増え続けるのです。

この三つの条件を充たしている（人間以外の）動物の「言語」はないから、人間の言語と動物のそれとの違いは「イン・ディグリー」ではなく、「イン・ネイチャー」なのです。

DNAを調べると、高級な猿と人間の違いは二パーセントあるかないかだと言われています。その異なる二パーセントのうち、大部分は言語に関する資質（遺伝的情報）なのではないでしょうか。

人間を人間たらしめているものは言語なのです。そして、それは生命に関わるほど重要なことなのです。

26 老いて学べば則《すなわ》ち死して朽《く》ちず

江戸時代後期の儒学者・佐藤一斎の著書『言志晩録』に「少にして学べば則ち壮にして為《な》すあり。壮にして学べば則ち老いて衰えず。老いて学べば則ち死して朽ちず」という言葉があります。

前にも紹介しましたが、佐藤一斎は徳川幕府の官立学問所・昌平黌《しょうへいこう》の教授で、門人三〇〇〇人と言われた大家。『言志晩録』の他に『言志録』『言志後録』『言志耋録《てつろく》』(合わせて『言志四録』と呼ばれることが多い)などの著書を残しました。

「少にして学べば則ち壮にして為すあり」とは「少年時代によく勉強すれば大成する」ということで、音楽家でも医者でも学者でも法律家でも役人でも、若い頃にしっかり勉強した人は中年になっていい活動ができるというわけです。「壮にして学べば則ち老いて衰えず」もわかりやすい表現ですが、ちょっと解説しておきたいことがあります。中年になると毎日仕事をして、知識や経験が蓄積されていきます。いいことではありますが、それは習熟とか熟達ということで、「学ぶ」とはちょっと違うでしょう。

一斎の言う「壮にして学ぶ」とは、仕事以外のプラス・アルファを勉強することです。現職の時に頑張って働くのは当然のこと、それとは別に何かプラス・アルファの勉強をしていると、「老いて衰えず」になると言っているのです。

外交評論家の岡崎久彦《おかざきひさひこ》さんは、私と同じ昭和五年生まれです。現役外交官時代は外務省情報調査局長、駐米公使、サウジアラビア大使、タイ大使などを歴任されましたが、そうした外交官の仕事の他に歴史や漢文の勉強をされていたそうです。

その蓄積をもとに執筆活動をされ、日本エッセイスト・クラブ賞、サントリー学芸賞、正論大賞などを受賞しました。もちろん専門である外交評論でも大活躍です。

私は何度か対談をさせていただきましたが、ある時、岡崎さんはこういうことをおっしゃいました。

「自分が外務省にいた時は、なかなかアメリカの見方が読めませんでした。ところが歳をとって、読み方がわかってきた。アメリカではどんな偉い人――外交官や国務省の人たちと話しても、彼らの意見はいつ変わるかわかりません。それを読むにはどうしたらいいかがわかったのです。アメリカの議会を見ていればいい。議会の決議で偉い人は動くとわかったので、議会の議事録を取り寄せて、丹念にチェックして予測します。そうしたら、ほとんど狂わなくなりました」

そして「これに気付いたのは退官後です」とおっしゃいました。

「現役中よりも今のほうがよく物事が見える……五四歳の岡崎情報調査局長と今の私（当時七六歳）では物の見え方が比べものにならない」とも書いておら

れます。

大使を経験した外交官は何百人もいるのでしょうが、引退後に多くの人が耳を傾けるような発言のできる方はあまりいません。今年、八一歳になる岡崎さんが「老いて衰えず」どころか、より予測が正確になったのは、壮年期にずっと勉強されてきたからでしょう。

昭和五年生まれには元・東京財団会長の日下公人《くさかきみんど》さんもいます。日下さんは銀行員として日本長期信用銀行の取締役まで務めましたが、長銀が傾く前に退職し、社団法人・ソフト化経済センター理事長になりました。その後、多摩大学の教授も務めるのですが、専門の経済以外のことも絶えず学んでいた方です。

たとえば、戦争や軍事技術について非常に詳しく、『人間はなぜ戦争をやめられないのか』(祥伝社)、『太平洋戦争、こうすれば勝てた』(小室直樹《こむろなおき》氏との対談、講談社)といった著作があります。

これは、少年時代、飛行機が好きだったのに端《たん》を発し、銀行家時代もずっと軍事関係の本を読んでいたからだそうです。

壮年期に本業で活躍する人は多くいますが、そのいっぽうで本業とは関係の薄い分野の勉強を続けられる人は稀《まれ》です。岡崎さんも日下さんも「壮にして学べば則ち老いて衰えず」の実践者と言っていいでしょう。

さて、問題は「老いて学べば則ち死して朽ちず」です。老いて学んだ成果が著作や何らかの作品という形に結晶し、それが後世の人の評価するところとなれば「死して朽ちず」と言えるでしょう。また後世まで残る会社を作る人もあるでしょうし、発明・発見する人も「死して朽ちず」と言えましょう。

しかし、そうなるのは何千人に一人、あるいは何万人に一人という確率だと思います。大多数の人がそうはなれないのが現実です。すると、老いて学ぶことにはあまり意味がないように思えます。

ここで「死後も霊魂の世界がある」と信じるかどうかが問題になります。これは死後のことですから、私たち生きている者には「わからないこと」です。したがって、俗な言い方をすれば「どちらに賭《か》けるか」ということになります。

もし「死後の世界はない」ほうに賭けたら、どうでしょうか。死んでみて、これがアタリだった場合、「当たった。よかった」ということはありません。死後の世界はなかったのですから、死んだらそれまで、あとは何もなしです。

では、ハズレで、死後の世界が存在した場合はどうでしょう。ないと思っていた世界があって、そこで生きなければならないとなると、準備不足で困ったことにならないでしょうか。つまり「死後の世界はない」ほうに賭けた人はアタリで何もよいことはなし、ハズレで困ったことになるのです。

「死後の世界はある」ほうに賭けた人はどうでしょうか。ハズレで、死後の世界がなかったら、それまでです。何もなし。アタリで死後の世界があったら万歳でしょう。するとハズレで何もなし、アタリで万歳ということになります。

どちらに賭けたほうが得か、明々白々です。これは数学者パスカルが『パンセ』の中で説いた考え方です（パスカルは「神は存在するか否か」というテーマでこの論を展開しました）。

死後の世界の有無（不滅の霊魂が存在するか否か）は、所詮《しょせん》、生きている者にはわからないことです。したがって、どちらに賭けるかは好みの問題かもしれません。

私はパスカルの論をなるほどと思うので、得をする可能性のあるほうに賭け、「老いて学べば則ち死して朽ちず」を目指しています。そしてパスカルの「賭け」などを広く紹介したいと思って、パスカルの本も書いています（『パスカル『冥想録』に学ぶ生き方の研究』致知出版社）。

ただし、これは佐藤一斎の言葉を論理的に解説すれば、という話で、私が老いてなお学び続けるいちばんの理由は、それが楽しくて仕方がないからです。

27 「毎日が日曜日」になってはいけない

「初老になったら、練習、あるいは訓練は大変有効である。安逸《あんいつ》な生活をすることや、または、熟練した仕事をだいたい辞めようとするのは危険である。今日の医学は、こうして起こる結果を血管の硬化だとか脳髄の石灰化だと言っているが、それはもっと簡単に考えるならば、器官を適当に使わないことと、活動の不足にすぎない。だから、どの点から見ても、職務に倒れるということが最上である」

これは前にも紹介したカール・ヒルティの言葉です。ヒルティは法学者、哲学者でしたが、職業としては軍の法務官、大学教授、国会議員などを務め、それぞれで令名《れいめい》の高かった人物です。

今でも著作の文庫版が出ているので、読む人はいるでしょうが、若い世代には一般的ではなくなっているようです。しかし、戦前および戦後のある時期まで、ヒルティの『幸福論』や『眠られぬ夜のために』は、いかに生きるべきかを考える人にとって必読の書でした。

ヒルティについては拙著『できる人になる生き方の習慣』（致知出版社）で、その哲学のエッセンスを紹介しましたが、法務官として軍隊生活をよく知っていた彼は、健康の維持について、こんなことも言っています。

「特別過労の場合は別として、自分たちは兵役に服している時ほど、体の具合のいいことはない。そこでは一日の各時間に仕事が秩序正しく割り当てられた。したがって、やろうかな、やるまいかなというような反省によってやめる余地のない任務があって、誰もあらかじめ明日の仕事を考えるなどという余裕を持たない」

要するに、いろいろなことをグダグダ考える余裕がないほどスケジュールがビシッと決まっていて、日々それをこなしていると体調がいいと言うのです。

定年退職後の生活は軍隊生活の対極にあるようなもので、自由と時間的余裕に満ちています。しかし、ヒルティに言わせれば「器官を適当に使わないこと、活動の不足」こそが病気の原因となるのです。

会社に行かなくていいようになると、朝、決まった時間に起きる必要がなくなり、その日にしなければならないことも少なくなります。毎日が日曜日という感じで、ボーッとテレビを見ていると、何となく一日が終わってしまうでしょう。

ビジネス社会で何十年も忙しい生活をしてきた方には、しばし、そういう時間があっていいのかもしれません。ただし、あまり長い「休憩」はお奨めできません。というより、そんな生活を一週間も続けたら、「これでいいのだろうか」という疑問や「何かしなければ」という焦燥感に襲われるはずです。

仮にそうしたものを感じなくとも、奥さんからは「毎日ゴロゴロしているだけなの？」という厳しい目を向けられることになります。

これからの長い晩年で何に取り組みたいか、それをどう見つけるかは前半で述べましたが、それが見つかったら、もう「休憩」は必要ありません。自分が「したいこと」なのですから、楽しくて仕方がない毎日が始まるはずです。

ここで大切なことをヒルティに学ぶなら、それを自分の「職務」だと考えることです。私の場合、大学を定年退職しても、英語学の研究が職務であることに変わりはなかったので、生活のリズムが少し変わった程度でしたが、会社勤めをしていた方の多くは定年で職務がなくなり、その変化の大きさに戸惑《とまど》ってしまうのだろうと思います。

ですから、自分なりに取り組むと決めたテーマが見つかったら、それを「職務」だと思ってしまえばいいのです。「職務」を自分に課し、それを全うするために規則正しい生活をする。それが健康を維持する秘訣かもしれません。

毎日を日曜日にしてしまうのは、安楽でしょうが、健康上、きわめて危険なことです。

28 歩行禅――歩きながら瞑想しよう

先に紹介した『タイム』の「いかにあなたの精神をシャープにするか」という特集で面白かったのは、「黙想の効果」を採り上げていることでした。

ウォール・ストリートの株取引の大物が胡座《あぐら》をかいて黙想している写真が掲載されており、「こういう黙想を毎日続けていると、部分によっては大脳皮質が厚くなることがあり、その厚くなる部分は決断力、注意力、記憶力に関係している」と書いてありました。

また、マサチューセッツ・ジェネラル病院の研究者セイラ・ラーザは「加齢と共に薄くなってゆく大脳のその部分の変化は、毎日四〇分の黙想で遅くすることができるのではないか」と言っています。

たしかに、高僧と言われた人たちは、高齢に至っても明晰な頭脳を持っていたようです。また、多くのカトリック修道院では黙想を重んじていますが、そこに高齢でありながら知力活発な修道士や修道女が多くいることを私は知っています。

してみると、大脳皮質のある部分――それは決断力、注意力、記憶力に関係している――を厚くし、明晰な頭脳を維持していくのには、私たちも一日三、四〇分程度の瞑想や黙想をすればいいということになります。

私は『タイム』の記事を読んで意を強くしました。座禅や修道士のような黙想をしているわけではありませんが、同じようなことは毎日しているのです。散歩をしながらいろいろ考えるというやり方で――。

私は旧制中学以来、運動らしい運動をしたことがありませんが、散歩だけは大好きです。ドイツ留学中、よく恩師シュナイダー教授の散歩のお伴《とも》をして二時間くらい森を歩き回ったもので、これは忘れがたい想い出になっています。

しかし、書斎の生活をしていると、加齢と共に外に出るのが億劫《おっくう》になるというのも事実で、ほうっておくと散歩の回数は減ってしまいます。そこで、私は自分に「エサ」を与えて、意識的に散歩に出る「動機」を作り出すようにしました。

「エサ」とはコーヒーです。私はコーヒーが好きで、若い頃は自分で淹《い》れて飲んでいましたが、今は自宅に豆を置いていません。コーヒーが飲みたくなったら、タクシーに乗って一〇〇〇円ほどの距離の繁華街のコーヒー屋に行くことにしています。

夕食後のことが多いのですが、一杯三五〇円のコーヒーを飲み、軽い本を少し読んで、帰りは四、五〇分歩くのです。自宅でコーヒーを淹れ、好きな時に飲み、気が向いた時に散歩すれば、タクシー代はかからないし、コーヒー代も安上がりではないか、と思われるかもしれませんが、そうではありません。

気が向いた時に、などと言っていると、いつのまにか散歩に出る回数が減ってしまいます。散歩に出るのはたいしたことではありませんが、そういうことにも「動機」を用意し、習慣になるようにしておくと簡単に継続できるのです。

自宅にコーヒーが置いてなければ、飲みたくなったらコーヒー屋まで行かざるを得なくなります。行く時に歩くことにすると、億劫な気持ちが先に立って、止めてしまうこともあるでしょう。ですから歩くのは帰り道と決めています。

これは何かで読んだ、晩年の谷崎潤一郎《たにざきじゅんいちろう》夫妻の散歩からヒントを得ました。谷崎夫妻はハイヤーに迎えに来てもらい、散歩に適した公園まで行く。公園で散歩を済ませると、待たせておいたハイヤーで帰るという方法でした。

私のやり方は谷崎夫妻よりも安上がりだし、私の体力には、タクシーで一〇〇〇円くらいの距離の散歩がちょうどいいようです。この散歩が体調の維持に役立っているのは間違いのないことで、何かの都合で数日散歩しないと、血圧が上がったり、顔がむくんだような感じになることがあります。

歩きながら、私は過去を憶《おも》い起こして懐かしんだり、未来の希望を考えたりします。外気を胸いっぱいに吸い込みながら歩を進め、自分の内面と向き合うのは、まことに人間らしく、本質的に知的な行為のように思います。

歩きながら次々といろいろな考えが浮かんできます。そして、それらについてあれこれ思いを巡らせるのですが、ある瞬間に、意識がそれらから離れて、別の世界に入っていくことがあります。身体がポッと温かくなって、ひたすら歩いているだけの状態が訪れるのです。その後、また考えていたことに意識が戻ると、パッといいアイディアが浮かんだりします。

座禅をしている人に聞くと、瞑想し始めるといろいろなことが頭に浮かび、抑え切れないほどになることもあるが、それ（妄想？）を考え続けていると、いつのまにか無念無想という境地に入るそうです。雑念をできるだけ出し切ることですね。それなら、私の散歩も座禅と同じだと思い、私はこれを「歩行禅」と呼んでいます。

セイラ・ラーザの言に従えば、一日四〇分の黙想でいいのですから、私の歩行禅でも大脳皮質のある部分は厚くなるでしょう。足腰の衰弱も防げるので一石二鳥です。目を瞑《つぶ》れないのが難点ですが、歩き慣れた道なら雑念はほとんど入ってきません。

多くの方が散歩を日課にしていると思いますが、ぜひ、歩きながらの瞑想を試してみてください。

29 「蒲柳《ほりゅう》の質《しつ》」でも長生きできる

今から八年前、七三歳の時に、旧制中学校の同窓会が開かれました。幹事が作ってくれた名簿を見ると、亡くなった人が四八人、行方不明、連絡のつかなかった人が約五〇人いました。行方不明者の中には亡くなった人もいるでしょうから、入学時約一五〇人だった同級生のうち、三分の一ぐらいの人が世を去っているわけです。

名簿を目で追った私の注意を引いたのは、幼年学校に進んだ人が二人とも亡くなっていることでした。

幼年学校は陸軍将校になる王道で、旧制中学一、二年生のうち、きわめて優秀な人だけが入学できた学校です。旧制中学自体がエリート・コースでしたから、幼年学校に進むのは超エリート、成績優秀、身体強健な者だけでした。一五〇人の同級生の中で幼年学校に進んだのは二人、その二人が共に亡くなっていたのです。

人間というのはわからないものだ――私はあらためてその思いを強くしました。現在、きわめて健康ですが、私は子どもの頃、「蒲柳の質」とも言うべき体質で、小学校では養護クラスに入れられていました。

一学年四クラスのうち、一クラスが養護クラスで、ここには三種類の子どもが集められていました。まず知能の発達が遅れている子、次に貧しくて弁当を持って来られない子、そして偏食が激しく栄養状態のよくない子です。学校はこの養護クラスの子たちに給食を出し、鱈《たら》の肝油《かんゆ》を飲ませていました。

私は肉が口にできず、魚も嫌いだったために栄養不良で、入学時から養護クラス。目も低学年のうちから強度の近視になり、眼鏡を掛けていました。同級生からは「四つ目」などと呼ばれたものです。そんな状態ですから、身体にはまったく自信がなく、自分は虚弱体質なのだと思い込んでいました。

身体を鍛えなければ――と思ったのは旧制中学受験のためです。戦時中のこととて試験科目に体育実技もあったので、家の欄間《らんま》にブラ下がって懸垂《けんすい》したり、逆立ちして歩く練習をしました。

中学に入学すると、何とか強くなりたいと思って柔道部に入ったのですが、三年生の時に終戦を迎え、占領軍の命令で柔道部は解散、やむなく相撲部に移りましたが、私には体力上の負担が重すぎてまもなくやめました。

その相撲部の主将だった男は立派な体格で運動能力にも優れていましたが、私の記憶が正しければ、同級生の中で最初に亡くなってしまいました。大学では学生運動のリーダーになり、その後は家業を継いでいたのですが――。

集まった同窓生の中に、私と小学校から一緒だった人がいました。彼は大きな商家の坊ちゃんで、私より身体が弱く、小学校低学年の頃は「行きたくない」と泣き叫びながら、番頭さんにおぶわれて学校に来るような子でした。

中学の入試の時、彼は私の数人前で体育実技の試験を受けましたが、鉄棒にブラ下がったまま懸垂も逆上がりもできず、ワンワン泣き出してストンと落ちました。しかし、落ちたのは鉄棒からだけで、中学校には合格。

少年期、それほどまでに弱々しかった彼が、七三歳になって元気に同窓会に出席していました。

若い頃は虚弱だったのに元気で七〇を超えた者がいれば、頑健《がんけん》だったのに若死にしてしまった者もいる。もちろん、丈夫《じょうぶ》に生まれついて長生きする者もいます。結局、若い頃の身体の強弱は、その後の人生を計る物差しにはならないのです。

一つだけはっきり言えるのは、自分の身体は強くないと自覚している者のほうが、強いと思っている者よりも身体を大切にし、健康に気を配るということです。

私が大学に進んだのは昭和二十四年ですが、当時、もっとも恐れられていた病気は肺結核でした。まだストレプトマイシンという特効薬がなかった時代ですから、罹《かか》ってしまったら栄養を摂《と》って身体を休めておくしか手がありません。私がいた寮には一六人の寮生がいましたが、最初の一年の間に四人が肺結核で去ったほどでした。

身体が弱いと思っていた私は、細心の注意を払いました。煙草を喫《の》まず、煙草代くらいの金があると夏みかんを買ってビタミンCを摂るようにし、帰省するたびに病院に行ってレントゲンを撮っていたのです。

そんなことが功《こう》を奏《そう》したのか、肺結核に罹らずにすみ、ほとんど寝込んだことのない学生生活を送りました。欠席したのは勘違いした一コマだけで、その他は学部四年間、大学院二年間、一度も休みませんでした。

人間は成長の過程で何度か体質が変わるようです。自然に変わることもあれば、鍛えて強くなることもあるでしょう。

持って生まれた体質が弱くとも、それは生活の仕方や鍛え方でどうにでもなります。むしろ「蒲柳の質」だから長生きできると考えたほうが正解かもしれません。それは若い時だけの話でなく、高齢になればさらに重要でしょう。

30 イビキと肥満には注意を払おう

ハマトンの『The Intellectual Life』（邦訳『知的生活』）は The Physical Basis（肉体的基礎）が第一章になっています。知的生活と言っても、その前提として健康な肉体的基盤が必要だと言うのです。

世の中には病床にあっても立派に知的活動ができる人もいますが、それは強《きょう》靭《じん》な意志を持つ特別な人で、私たち凡人はちょっと体調が悪いだけで知的活動への意欲が減退してしまいます。ですから、まずは健康に気を配りなさいというわけです。

現在、私は身長一七〇センチ、体重七〇キロですが、いちばん太っていた時は八〇キロ近くありました。約一五年前、六十代半ばを過ぎた頃です。

それでも健康診断の結果は、すべての検査項目の数値が正常値の範囲内でしたから、何の心配もしていませんでした。少し太り気味ではあるけれど、散歩もしているから大丈夫だろう、と。

しかし、傍目《はため》にはかなり太ったように見えたらしく、何人かの親しい友人がダイエットを勧めてくれました。そして、石原慎太郎《いしはらしんたろう》氏と藤尾秀昭《ふじおひであき》氏（致知出版社社長）が共に勧めてくれた伊豆の断食のサナトリウムに行くことになりました。

こういうことは体調が悪くならないと、なかなか腰が上がらないものですが、藤尾氏が「一緒に行きましょう」と私たち夫婦を強く誘ってくれたのです。

いわゆる水断食（水だけの断食）でなく、人参ジュースを飲むので、それほど辛《つら》くはありません。それで二日ほど断食をすると、家内に「あなたのイビキがなくなりましたよ」と言われました。

一般に子どもや青年はイビキをかきません。イビキをかくのはよほど疲れた時とか体調が悪い時です。しかし、中年を過ぎると、ことに肥満気味の人の中には恒常的にイビキをかくようになる人がいます。

私もいつのまにか、かなり大きなイビキをかくようになり、その頃は、箱根で行なわれる新入生のオリエンテーション・キャンプに行くと、同室者に迷惑がられるようになっていました。

それが、人参ジュース断食をしたら、二日目からイビキをかかなくなったのです。そして、七日間の人参ジュース断食のあと、採血して健康チェックの諸数値を検査してみると、すべて理想的と言ってよいものでした。もっとも、こちらは断食前から正常値だったのですから当たり前ですが——。

しかし……と私は考えました。イビキは老人性肥満、あるいは熟年性肥満の一つの徴候と考えてよいのではなかろうか。もし、人参ジュース断食をしていなかったら、きっとどこかに故障が出たのではないだろうか……。

竹の箸《はし》を両手でグッと曲げるとミシミシいいます。そこで手を弛《ゆる》めれば元どおり真っ直ぐに戻ります。しかし、もう少し強く曲げてボキリといったら、もう元には戻りません。人間の身体も似たようなものでしょう。

きっと、イビキはグッと曲げた竹の箸がミシミシいっているようなものなのです。そこで何かの手を打てば、何の問題もなく健康が維持できるでしょう。しかし、一度ボキリといってしまうと、治療には大変な手間と時間がかかります。それでも、本復《ほんぷく》すればいいですが、完全に治らない場合だって多くあります。

若い頃はかなり撓《しな》ってもなかなかボキリといかずに元に戻りますが、中年以降はわずかな撓りでボキリといく可能性が高くなっています。その注意信号がイビキであり、肥満ではないでしょうか。

人参ジュース断食以来、私の体重は七〇キロ前後であまりブレません。一〇キロ近く軽くなったということは、二〇〇グラムのステーキに換算すると五〇枚分減ったことになります。もう七キロくらい減らせば理想的だそうですが、そこまで神経質には考えません。

中年以降に太ってくるのは、抵抗力の低下をカバーするためで、体力の予備軍を増強しておくという意味もあるそうですから、「若い頃のように痩せなければ」と思い詰める必要はありません。小太りな老人くらいがちょうどいいでしょう。

ただし、時に、空腹に耐えるというところまで身体を追い込んでみるのは非常にいい刺激になります。人類の歴史で飽食はこの何十年かの例外的な出来事(今でも飢えている人間のほうがずっと多い)です。それまではずっと飢えていたので、人体は飢えに耐える機能を発達させてきました。

食べることができないと、血液が運ぶべき糖分が不足します。脳が栄養不足になると一巻の終わり(人体の細胞の中で酸欠、低血糖にもっとも弱いのが脳細胞)なので、身体は脳を守ろう、つまり脳に十分な糖分を送ろうとします。

具体的には身体の脂肪を糖分に変えて、低血糖を回避しようとするのです。これほど大事なことはないので、ホルモンは、たった一つの例外を除いて、すべて血糖値を上げる働きをするようになっているそうです。

たった一つの例外とはインスリン。これは高血糖になってしまった時に血糖値を下げる働きをします。不足すると糖尿病です。

つまり、人体は低血糖に対しては多くの備えをしており、高血糖にはインスリンしか備えがないのです。飽食を続けるということは、十分に備わっている機能を使わず、たった一つしかない機能を酷使することなのです。

だから、時に、空腹を覚える程度ではなく、飢えに耐えるところまで行き、低血糖を回避する機能を使っておいたほうがいいのです。断食にはそういう意味もありますから、太りすぎでない人も経験するといいと思います。

31
60歳からの身体トレーニング

現在、私は自分の身体で一つだけ自慢できることがあります。それは、非常に身体が柔《やわ》らかいことで、相撲で言う「股割《またわり》」ができます。腰を下ろして脚《あし》を約一八〇度開き、上体を前に倒すと、床にペタッと臍《へそ》が着きます。

これは真向法《まっこうほう》という柔軟体操の成果ですが、今、私が健康を維持していられるのは、この真向法のおかげが大きいと思っています。

私が真向法を知ったのは、今から三〇年ほど前のこと。余暇開発センター（現在は消滅）で行なわれた講習会に参加した時でした。当時、私は四十代後半で、自分では体力の衰えなど感じていませんでした。ところが「脚を開いて上体を前に倒してみてください」と言われて、やってみたら、全然ダメなのです。

上体を倒すどころか、脚さえ九〇度より少し開く程度、一八〇度なんて、とんでもありません。自分の身体が柔らかいとは思っていませんでしたが、こんなに硬《かた》かったのかと愕然《がくぜん》としました。

それから、余暇開発センターの派遣でスコットランドのエディンバラへ行ったのですが、時間的な余裕はあるのに、あまり熱心には取り組みませんでした。日本に帰ってからも同様で、気が向くと試してみる程度でした。

少し気合を入れてやり始めたのは六〇歳を過ぎてからです。きっかけになったのは、当時、東大の土木工学の樋口芳朗《ひぐちよしろう》教授が、偶然にも「真向法は杭《くい》を打つ要領だよ」と教えてくれたことでした。試しにとばかり、杭打ちのように小《こ》刻《きざ》みに動かしてみると、少しずつ深く曲がるようになるのが実感できました。

以来、風呂上がりなどに毎日やって二〇年近く、今では完全に脚が一八〇度近く開き、臍から顎《あご》まで床に着けられます。以前、川崎市で中高年の方たちに話をしてくれと依頼されたので、記憶力が鍛えられた話をし、真向法をやってみせました。

真向法は昭和八年頃、福井県の長井津《ながいわたる》という人が創案しました。この方は明治二十二年にお寺の五男に生まれたのですが、四二歳の時、脳溢血で倒れ、半身不随になってしまいました。

そして、闘病生活中に読んだ仏典の礼拝方法にヒントを得て「身体を柔軟にする方法」を考案したのです。これを続けること三年、長井氏はセルフ・リハビリテーションに成功し、健康体を取り戻したそうです。

現在、真向法は社団法人・真向法協会が普及に努めており、多くのテキストが市販されていますが、四つの動作しかありませんので、概略を示しておきます。

①床にお尻をつけて座り、膝を曲げて股を開く。股間《こかん》で両足の裏を合わせる。そのまま上体の前屈と起き上がりを繰り返す。
②両足を真っ直ぐ伸ばして座り、上体の前屈と起き上がりを繰り返す。

③脚を左右にできるだけ開き、上体の前屈と起き上がりを繰り返す。
④正座して両膝を付け、上体を後ろに倒す。

基本動作はこれだけです。動作を行なう時は腹式呼吸で、ゆっくり息を吐《は》くようにします。また、身体を曲げる時は息を吐きながら行なうようにします。

私は、真っ直ぐな動きだけでなく、上半身を左右に捻《ひね》る動きがあったほうがよいだろうと思い、自己流でヒネリを加えています。

太り気味の人は中年を迎えるとギックリ腰になることが多いですが、なった人の姿は哀れです。完全に耄碌《もうろく》した人の姿。歩ければまだマシで、ひどい人は俯《うつぶ》せに倒れたまま身動き一つできなくなってしまいます。

私は、ギックリ腰になったことはないのですが、経験者に聞いてみると大変です。数日間は食事もトイレも一人ではできない状態だというのですから――。

ギックリ腰の経験者で、二度とあんな目には遭いたくないという方はぜひお試しください。風呂上がりに毎日やれば、半年もしないうちに身体が柔らかくなったのを実感し、ギックリ腰の恐怖からも解放されるでしょう。

効果を実感している私は、息子たちにも真向法を勧め、やらせていますが、まだ誰もきちんとできません。脚が一八〇度開き、臍が床に着くのは私だけです。

「どうだ。おれはおまえたちの葬式を出したくないんだけどな」などと憎まれ口を叩いていますが、私も還暦前にはできなかったのです。

加齢と共に身体が硬くなるのを、仕方のないことだと諦めてはいけません。六〇歳を過ぎてからでも、コツコツ訓練すれば柔軟になれます。記憶力を鍛えることができるのと同じで、身体も動かし続ければ、これまで以上に動くようになります。

32　睡眠時間を増やしなさい

「脳神経が非常に疲れたような場合、物質的な手段のほうでいちばんいいものは、空気と睡眠の他は消化しやすくした牛乳などがいい」

ヒルティは『幸福論』の中で病気治療法について述べていますが、右の一節はノイローゼになった人へのアドバイスで、具体的な手当に触れている部分です。

十分な睡眠が疲れを癒《いや》し、健康維持の基本になることは言うまでもありませんが、では、どれくらいの睡眠が適当かとなるとかなりの個人差があります。

聖路加《せいるか》国際病院の日野原重明《ひのはらしげあき》先生は一九一一年生まれで、今年一〇〇歳になられますが、信じられないほどの短時間睡眠だそうです。

短時間睡眠で高齢になっても活躍できる方もいらっしゃるし、私のように七〜八時間は眠らないと頭がボーッとしてしまう人間もいるわけです。ただ、どちらが普通かと言ったら、やはり七〜八時間眠るほうでしょう。

ナポレオンは一日三時間の睡眠だったという逸話があり（実際は昼寝をしていたという説もある）、「ナポレオン睡眠」なる短時間睡眠法が説かれたりしています。

かつて私の大学に、これを実行されている先輩がいました。理工学部の教授で一日三時間か四時間の睡眠。専門の他に書道や飛行機操縦など多彩な活動をされていましたから、まさに驚嘆すべき方でした。

この方と個人的に飲んだ時、お話を伺ってみると「生まれつき短時間睡眠の体質ではなく、若い頃に意志を以《も》って鍛えた」とおっしゃっていました。

私は、試験勉強の時くらいしか睡眠時間を削ったことがなく、普段は「十分に眠ったほうが体によい」と自覚していたので、感心はしたものの、真似をしようとは思いませんでした。

それから十数年が過ぎ、その教授は七十代後半で亡くなりました。その方の寿命が睡眠時間と関係していたとは言い切れませんが、短時間睡眠で精力的な活動をされているのを目にしていた私としては、もう少し身体を休めていたら――と思いました。書道でも相当な腕前の方でしたから、八十代九十代に至っていれば、素晴らしい作品を生み出すこともできたでしょう。書や日本画の世界では「六〇、七〇は若造」と言われ、これからが最盛期だったのですから――。

西原克成《にしはらかつなり》先生は、哺乳類《ほにゅうるい》の進化学的見地から重力の大切さを指摘しておられます。人間は一日八時間ぐらい横になって背骨を重力から解放してやると免疫力が高まると言っておられますが、私の実感から言えば、西原説は正しいと思われます。

私たちが眠くなるのは、メラトニンという脳内ホルモンの働きによるそうです。このホルモンは暗くなると分泌量が増え、明るくなると減少します。つまり太陽の動きに合わせて、人間を眠らせる働きをしているのです。

そして、子どもに対しては成長ホルモンとして働き、老人には老化抑制ホルモンとして働くと言われています。また、最近の研究では、免疫系とも深く関係しており、実験動物にメラトニンを与えるとガン細胞を攻撃するナチュラルキラー（NK）細胞の数が増えたり、ウイルスを殺傷する食細胞の破壊力が高まったりすることが報告されています。

メラトニンこそ健康のもとなのですが、その分泌量は年齢が低いほど多く、思春期頃から減っていきます。より多く分泌される条件は、規則正しい時間に暗いところで睡眠をとることで、やはりきちんと眠ることが大切だという結論になります。

私は、夜、眠れないということがまずなく、眠くなったらサッサと寝るというタイプなので、不眠に苦しんだことがありません。ただ、快適で十分な睡眠をとるために二つの配慮をしています。

一つは昼寝をすることで、大学の研究室にいた頃もソファで一時間くらいは寝ていましたし、現在も昼寝の時間をとっています。毎日、三〇分ほどの昼寝をする人のガン発生率は、しない人の三分の一だという報告がありますから、こんなに楽なガン予防法は他にありません。

もう一つは夜、寝る時に自分がもっとも快適だと感じる環境を作ることです。音や気温などをもっとも安らげる状態にすべきなのですが、これにも個人差があります。そして、年をとるにつれて、その許容範囲が狭《せば》まってきます。つまり、少しの違いでも気になるようになってくるのです。

私は家内と寝室を別にしていますが、これは夫婦仲が悪いというわけではなく、快適と感じる温度が違ってきたためです。家内が「寒い」と言う温度が、私には暑く感じるようになったのです。また、家内は「寝室でテレビを見たい」と言いますが、私は寝る時にその音が邪魔になります。また、私は寝室は真っ暗がよいのですが、家内は少し明るいほうがよいと言います。

夫婦であっても別の人間なので、好みの環境が違うのは当たり前です。おたがいに自分がもっとも快適な環境で眠りに就《つ》いたほうがいいですから、私たちは寝室を別にしたのです。若い時はそんなことは苦にならなかったのが不思議です。外国映画で、老夫婦が同じベッドに寝ているのを見ると「よく我慢できるな」と感心するこの頃です。

それに、同じ寝室だと、相手が眠っている時には起こさないように気を遣《つか》わなければなりません。寝室を別にするだけで、そうした煩《わずら》わしさから解放されるのですから、寝室の環境に違和感を感じたら、奥さんに別室を提案してみてはいかがでしょう。

もしかしたら、奥さんのほうがずっと我慢してきたのかもしれません。

33 授けられたものから、恍惚《こうこつ》を得よう

有吉佐和子《ありよしさわこ》さんの小説『恍惚の人』（新潮社、現・新潮文庫）がベストセラーになったのは一九七〇年代前半のことですから、もう四〇年近く昔になります。いわゆるボケ老人を扱った小説で、この本によって、恍惚という言葉にボケという意味が加えられました。

このため、恍惚は、高齢者にはあまりよい印象を与えなくなりましたが、本来は「物事に心を奪われてうっとりする様《さま》」という意味です。

そういう物事が身近にあり、毎日のように起こる、あるいは接することができたら、人間はとても幸福に生きていけるでしょう。

自分に恍惚を感じさせてくれるものは何で、それはどこにあるのか。人生の

後半においてもっとも大切なのはそれを発見することかもしれません。

近代人の心に宿った一つの病弊は「努力すなわち価値である」と思い込んだことです。これはカントの認識論の影響とされるのですが、大きな間違いだと思います。努力の結晶かもしれないけれど、価値のないものもあるし、逆に価値あるものだけれど、努力の結晶ではないものも、この世には多く存在します。

もっともわかりやすい例は生命です。私たちにとって生命は非常に大切なもの、価値あるものですが、それは自分で努力して獲得したもの、あるいは作り上げたものではありません。父母から、あるいは神様から、あるいは天から授けられたものです。その生命の維持に必要な食物も、もともとは皆、自然からの贈りもの、授かったものです。

十三世紀の神学者、聖トマス・アクィナスは「もっともよき認識は授けられるものである」と言いました。「認識」とは、わかりやすく言えば「事物、出来事を知る心」と言ってもいいかもしれません。

中学生の時、私は地主悌助《じぬしていすけ》画伯に美術を教えていただきました。地主画伯はのちに日本芸術大賞を受賞された大家ですが、二三歳の頃に隅田川のほとりで夕方の薄日を受けて白く光っているトタン屋根を見て、突如、美に開眼されたそうです。そして、その後、石ころや瓦《かわら》といった普通の人の目には留《と》まらないものに美を見出し、それを表現されました。

当時、私は美術にはあまり興味を持っていませんでしたが、地主先生が何かを見る時のボーッとしたような眼差《まなざ》しは鮮明に記憶しています。今思えば、きっと目に留まった何かに美を見出し、恍惚とされていたのでしょう。

こうした感性を研《と》ぎ澄《す》まし、それを表現する能力を備えた人が芸術家なのでしょうが、それは、程度の差こそあれ、誰にも可能なことのように思います。絵心のない人でも、富士山のご来光を見れば清々《すがすが》しい気持ちになり、満天の星を見上げればロマンチックな気分になります。感じ方に違いはあっても、人間は、神様あるいは自然が授けてくれたもの、恩寵《おんちょう》を受け取ることができるのです。

聖トマス・アクィナスの言うように、多くの「よきもの」は授けられるものです。努力して獲得するものではありません。その「よきもの」に「心を奪われてうっとりする」のが恍惚です。

これは、日本人の感覚で言えば「もののあわれ」を感じるということではないでしょうか。清少納言《せいしょうなごん》は『枕草子』に四季折々の事象を挙げ「いとあわれなり」と書きましたが、花の散るのを見て「あわれ」と思い、月の美しさを見て「あわれ」と思い、雁《かり》の飛んでいくのを見て「あわれ」と感じる日本人の心がそれです。

「あわれ」と近い心の動きに「かわいそう」という言葉があります。私は長い間「慈悲」（いつくしみ、あわれむ心）という言葉に、なぜ「悲」という文字が使われるのかわかりませんでした。「あわれむ心」がなぜ「悲」になるのだろう、と……。

その意味が少しわかるようになったのは、私の三番目の子が幼児だった頃です。無邪気に遊んでいる末っ子を見たら、無性に「かわいい」と感じました。

そして、この「かわいい」という感情を反芻《はんすう》するうちに、これが「かわいそう」に通じているのを実感したのです。この子は別にこれというかわいそうな理由はなかったのですが、かわいい子どもの姿に「かわいそう」を感ずることもあるのです。

私が中学の勉強に励《はげ》んでいた時、母は「まあ、そんなに根《こん》を詰《つ》めて、めじょけないこと（かわいそうなこと）」とよく口にしました。私は自分の意志でそうしているのだし、当時、中学へ進学できるのは恵まれたことでしたから、ちっとも「かわいそう」ではないだろうと思っていましたが、母の目からすれば「かわいそう」だったのです。その母の眼差しは、慈悲をもって衆生《しゅじょう》を見たお釈迦様のそれに似ていたのだと思います。

過日、長く企業に勤めて定年退職した知人がこんなことを言っていました。

「通勤電車の中でいかにも疲れて眠っている初老のサラリーマンがいるでしょ。あれ、昔はだらしないなあと思ったんだけど、今はちょっと違う目で見るようになった」

うっとりすることはないけれど、いとおしさを覚えるそうです。

恍惚の「タネ」は何でもない日常の中にも多く存在しているはずです。それを見つけ出し、恍惚となる時間を増やしていく。私はそういう「恍惚の人」になりたいと思っています。

まとめれば——25のアドバイス

［基本的心がまえ］

◎晩年は「賢明さ」より「楽しさ」が大切
◎時間はたっぷりあるので焦《あせ》らなくていい
◎文科系の世界に生きがいを見つけるのが賢明
◎「自分もああなりたい」という存在を思い出そう
◎平凡な人の平凡な教訓が役に立つ

［自分のテーマを発見するには］

◎自分の能力が生かされることは何か

◎若い頃にやり残したことは何か
◎何をしている時が楽しいだろうか
◎願望は紙に書いて貼っておこう
◎実現の手段は考えなくていい

［不安から脱出するには］

◎心配性の人は水泳を習いなさい
◎15歳に戻ったつもりでスタートしよう
◎本当のあなたとは「あなたの意志」のことです
◎自分の自由にならないことは諦めよう
◎将来のことを考えて今日を生きなさい
◎恍惚となる時間を増やそう

［さあ、トレーニングを！］

◎カラオケで記憶力を鍛えなさい

◎毎日、音読する習慣を付けよう

◎脳の活性化のために舌の運動をしよう

◎「職務」を作って忙しく生きよう

◎「歩行禅」で脳と足腰を同時に鍛えよう

◎腹を減らして身体を刺激しよう

◎真向法《まっこうほう》で身体を柔《やわ》らかくしよう

◎毎日、30分昼寝をしよう

◎寝室を分けて一人で寝よう

あとがき

九五歳まで生きれば、たいていの人は苦しまずに死ぬ。生《せい》への執着、未練もなくなるし、死への恐怖もなくなる。正に聖人、高僧の心境で、そうなればお経もバイブルもコーランも不要になる。

こんな観察にもとづいて、六〇で定年になった人も、九五歳をめざしてもう三五年頑張ろう、ということを主張したかった。

事実、そういう老人も私は何人か知っている。有名なキリスト教の学者で、一〇〇歳近くなってバイブルを超越してしまったような人もおられる。

しかしたいていの人は、六〇歳からもう三五年やることを見つけることは難しいと思われるかもしれない。誰かが言っていたように、定年後に「そば打ち」しても、そんなに長くはもたないかもしれない。

そうしてみると、老人になってからもいちばん長く続けることのできることは、多くの人にとっては読経《どきょう》やバイブル精読などの信心行為なのではあるまいかとも思われる。

ある有名人の夫人は、夫に死なれてから、カトリックの修道院に入られた。そこで静かな祈禱《きとう》生活を二〇年以上も送られて、一〇〇歳ぐらいの時に亡くなられた。生への執着も死の怖れもまったくなく、文字通り「帰天《きてん》」の如《ごと》き生涯の終え方であった。

若い時にお寺に入ったり、修道院に入れば、精神的・肉体的煩悩《ぼんのう》が多く、修行も辛《つら》いであろう。正にそれが功徳《くどく》にもなるのであろう。しかし凡人が俗世で生きていくことにも、寺や修道院とは違った苦労が多い。お寺の中と世間の中と、どっちの苦労が多いかわからないと昔の日本人は考えた。

だから俗世間で苦労しながら生計を立て、子どもを育てたような人が死んだ時、戒名《かいみょう》を与えて、お寺の中の修行者だった人なみに待遇して、あの世に送ってやるということを発明した（戒名の起源はこのようなもので、日本独特の風習だという）。

六〇歳定年を立派に果たした人は、一応の修行者だったのである。その残りの三五年間は、本物の修道生活に入ってもよいのではないか。瞑想、祈禱、巡礼などなど、老人向きで肉体的には比較的楽な修道院（宗教、宗派は問わない）がもっとできてもよいのではないかと思う。その修道院に入る時は、資産を預けたり、年金を預けたりすれば、修道院としても経済基盤が成り立つ。

老人は肉体的には成長できない。むしろ身長などは縮まる。しかし祈りや、黙想や、読経などにより、精神的には最後まで成長できるのである。

本書は、二〇一一年十月に弊社から出版された『60歳からの人生を楽しむ技術』（二〇〇七年四月に飛鳥新社より刊行された単行本『95歳へ！　幸福な晩年を築く33の技術』を加筆・修正のうえ改題）の活字を大きくし読みやすくした新装版です。

一〇〇字書評

切り取り線

購買動機（新聞、雑誌名を記入するか、あるいは○をつけてください）

□（　　　　　　　　　　　　　　　）の広告を見て	
□（　　　　　　　　　　　　　　　）の書評を見て	
□ 知人のすすめで	□ タイトルに惹かれて
□ カバーがよかったから	□ 内容が面白そうだから
□ 好きな作家だから	□ 好きな分野の本だから

●最近、最も感銘を受けた作品名をお書きください

●あなたのお好きな作家名をお書きください

●その他、ご要望がありましたらお書きください

住所	〒				
氏名		職業		年齢	
新刊情報等のパソコンメール配信を 希望する・しない	Eメール	※携帯には配信できません			

あなたにお願い

この本の感想を、編集部までお寄せいただけたらありがたく存じます。今後の企画の参考にさせていただきます。Eメールでも結構です。

いただいた「一〇〇字書評」は、新聞・雑誌等に紹介させていただくことがあります。その場合はお礼として特製図書カードを差し上げます。

前ページの原稿用紙に書評をお書きの上、切り取り、左記までお送り下さい。宛先の住所は不要です。

なお、ご記入いただいたお名前、ご住所等は、書評紹介の事前了解、謝礼のお届けのためだけに利用し、そのほかの目的のために利用することはありません。

〒一〇一－八七〇一
祥伝社黄金文庫編集長　萩原貞臣
☎〇三（三二六五）二〇八四
ohgon@shodensha.co.jp

祥伝社ホームページの「ブックレビュー」からも、書けるようになりました。
www.shodensha.co.jp/bookreview

祥伝社黄金文庫

60歳《さい》からの人生《じんせい》を楽《たの》しむ技術《ぎじゅつ》〈新装版《しんそうばん》〉

令和 4 年 10 月 20 日　初版第 1 刷発行

著　者　渡部昇一《わたなべしょういち》

発行者　辻 浩明

発行所　祥伝社《しょうでんしゃ》

〒101－8701

東京都千代田区神田神保町 3－3

電話　03（3265）2084（編集部）

電話　03（3265）2081（販売部）

電話　03（3265）3622（業務部）

www.shodensha.co.jp

印刷所　堀内印刷

製本所　ナショナル製本

ISBN978-4-396-31829-1 C0195

祥伝社黄金文庫

三石　巌
医学常識はウソだらけ
玄米は体にいい？　貧血には鉄分が一番？　卵はコレステロールの元に？――すべて、間違いです！

三石　巌
医学常識はウソだらけ〈実践対策編〉
分子栄養学が教える正しい食事と運動
科学的理論に裏づけられた三石先生の食事と運動、全部見せます！　90歳以上でも実践できる科学的運動法とは？

三石　巌
医学常識はウソだらけ〈一問一答編〉
自力で健康問題を解決するヒント
健康のレベルアップを願うあなたに！　92歳で腕立て伏せ50回、95歳でスキーを楽しむ著者がズバリ答えます！

三石　巌
脳細胞は甦《よみがえ》る
ボケ、老化を防ぐ「脳の健康法」
高ビタミン、高タンパク、スカベンジャーで身も心も健康に！　分子栄養学が明かす、脳の活性化の原理。

三石　巌
からだの中から健康になる長寿の秘密
95歳が実践した脳、筋肉、骨が甦る「分子栄養学」健康法
からだと素直につき合えば病気にならない――三石流、健康で長生きの秘訣を語る。渡部昇一氏も称賛！

三石　巌
医者いらず、老いしらず
人生100年時代の新・健康常識
こんな時代だから、自分の健康は自分で守る！　今こそ知りたい、科学的に正しい知識・食事・運動。

祥伝社黄金文庫

和田秀樹
頭をよくする ちょっとした「習慣術」
「ちょっとした習慣」でまだ伸びる！ 「良い習慣を身につけることが学習進歩の王者」と渡部昇一氏も激賞。

和田秀樹
人づきあいが楽になる ちょっとした「習慣術」
対人関係の感覚が鈍い「人間音痴」な人々――彼らとどう接する？ また自分が「音痴」にならないためには？

和田秀樹
人生が変わる 「感情」を整える本
感情は表に出していいのです。「感情コントロール」の技術を習得すれば、仕事も人間関係もうまくいく！

沖 幸子
50過ぎたら、ものは引き算、心は足し算
「きれいなおばあちゃん」になるために。今から知っておきたい、体力と時間をかけない暮らしのコツ。

沖 幸子
50過ぎたら見つけたい 人生の〝落としどころ〟
無理しない家事、人付き合い、時間使い……。年を重ねたからこそわかる、そこそこ〝満足〟な生き方のヒント。

沖 幸子
50過ぎたら、家事はわり算、知恵はかけ算
美しく生きるための人生のかくし味
後半の人生は暮らしのダイエットのはじめどき。年を重ねても、気力溢れる豊かな日々を送るために――。

祥伝社黄金文庫